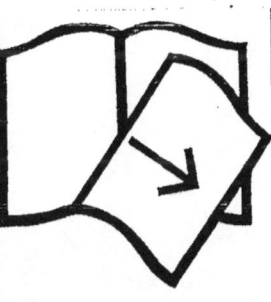
Couverture inférieure manquante

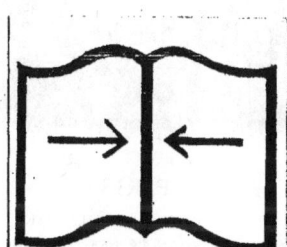
RELIURE SERREE
Absence de marges
intérieures

Début d'une série de documents
en couleur

VALABLE POUR TOUT OU PARTIE
DU DOCUMENT REPRODUIT

XAVIER DE MONTÉPIN

LE TESTAMENT ROUGE

La Chasse aux Medailles

II

PARIS

E. DENTU, ÉDITEUR

LIBRAIRE DE LA SOCIÉTÉ DES GENS DE LETTRES

3, PLACE DE VALOIS — PALAIS-ROYAL

1888

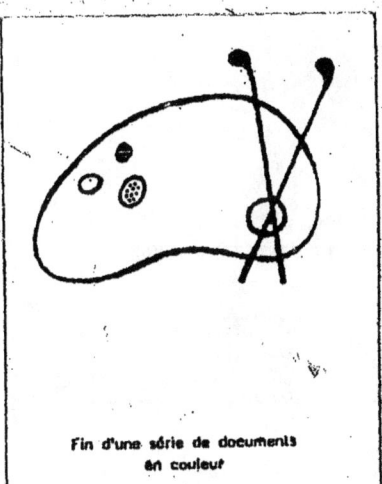

Fin d'une série de documents en couleur

LE TESTAMENT ROUGE

LA CHASSE
AUX MÉDAILLES
II

LIBRAIRIE E. DENTU, ÉDITEUR

DU MÊME AUTEUR

	fr.		fr.
Les Amours d'Olivier (suite et fin de la *Baladine*), 3ᵉ édit., 2 vol.	6	La Maîtresse masquée, 3ᵉ édit., 2 vol.	6
Les Amours de Province, 2ᵉ édit, 3 vol.	9	La Marquise Castella 3ᵉ édit., 2 vol. Le Mari de Marguerite, 14ᵉ édit., 3 vol.	
La Bâtarde, 3ᵉ édit., 2 vol.	6	Les Maris de Valentine, 3ᵉ édit., 2 vol.	6
La Baladine, 3ᵉ édit., 2 vol.	6	Sa Majesté l'Argent, 6ᵉ édit., 5 vol.	15
Le Bigame, 6 édit. 2 vol.	6	Le Médecin des Folies, 5ᵉ édit., 5 vol.	15
La Voyante, 2ᵉ édit., 4 vol.	12	P.-L.-M., 3ᵉ édit., 6 vol.	18
I. — Blanche Vauberon, 2 vol.		I. — La Belle Angèle, 2 vol.	
II. — L'Agence Rodille, 2 vol.		II. — Rigolo, 2 vol.	
Le Crime d'Asnières, 4ᵉ édit., 2 vol.	6	III. — Les Yeux d'Emma-Rose, 2 voi.	
I. — L'Entremetteuse.		Les Pantins de Madame le Diable, 4ᵉ édit., 2 vol.	6
II. — La Rastaquouère.		Une Passion, 4ᵉ édit., 1 vol.	3
Le chalet des Lilas, 3ᵉ édit., 2 vol.	6	Le Parc aux Biches, 3ᵉ édit., 2 vol.	6
Une Dame de Pique, 3ᵉ édit., 2 vol.	6	La Porteuse de Pain, 3ᵉ édit., 6 vol.	18
Une Débutante, 3 édit., 1 vol.	3	Le Roman d'une Actrice, 3ᵉ édit., 2 vol.	9
La Demoiselle de Compagnie, 3ᵉ édit., 4 vol.	12	I. — Paméla des Variétés.	
Le dernier duc d'Hallali, 3ᵉ édit., 4 vol.	12	II. — Madame de Franc-Boisy.	
Deux Amies de St-Denis, 4ᵉ édit., 1 vol.	3	Le Secret de la Comtesse, 5ᵉ édit., 2 vol.	6
Deux Amours, 4ᵉ édit., 2 vol.	6	I. — Le Capitaine des Hussards.	
I. — Hermine.		II. — Armand.	
II. — Odile.		Le Secret du Titan, 2ᵉ édit., 2 vol.	6
Un Drame à la Salpêtrière, 2ᵉ édit., 2 vol.	6	Simone et Marie, 3ᵉ édit., 6 vol.	18
Le Fiacre nº 13, 6ᵉ édit., 4 vol.	12	Son Altesse l'Amour, 4ᵉ édit., 6 vol.	18
La Fille de Marguerite, 3ᵉ édit., 6 vol.	18	La Sorcière Rouge, 4ᵉ édit. 3 vol.	9
Les Filles de Bronze, 5ᵉ édit., 5 vol.	15	Les Tragédies de Paris, 7ᵉ édit., 4 vol.	12
Les Filles du Saltimbanque, 2ᵉ édit., 2 vol.	6	Le Ventriloque, 4ᵉ édit. 3 vol.	9
I. — La Comtesse de Kéroual.		I. — L'assassin de Marietta.	
II. — Berthe et Georgette.		II. — La femme du Prussien.	
Jean-Jeudi, 1ᵉʳ édit., 2 vol.		III. — Le Mari et l'Amant.	
Madame de Trèves, 8ᵉ édit., 2 vol.	6	La Veuve du Caissier, 8ᵉ édit., 2 vol.	
La Maison des Mystères, 2ᵉ édit., 2 vol.	6	La Vicomtesse Germaine, 7ᵉ édit., 3 vol.	9
La Maîtresse du Mari, 5ᵉ édit., 1 vol.	3		

ÉMILE COLIN. — IMPRIMERIE DE LAGNY.

XAVIER DE MONTÉPIN

LE TESTAMENT ROUGE

LA CHASSE AUX MÉDAILLES

II

PARIS
E. DENTU, ÉDITEUR
LIBRAIRE DE LA SOCIÉTÉ DES GENS DE LETTRES
3, PLACE VALOIS, 3
1888
(Tous droits de traduction et de reproduction réservés)

LA CHASSE AUX MÉDAILLES

XXIV

Pascal entra et referma derrière lui.

Jacques était absolument stupéfait.

— Toi ! c'est toi ! — dit-il d'un air d'ahurissement complet. — Tout à l'heure, je n'en croyais pas mes oreilles, et maintenant je n'en crois pas mes yeux !
— Te voilà revenu... et la besogne est terminée ?...

— Recouche-toi... — Nous allons causer... — fit Pascal.

Le docteur reprit dans son lit sa place encore tiède et, le coude appuyé sur l'oreiller, attendit que son complice lui donnât l'explication d'un retour si précipité.

L'ex-secrétaire du comte de Thonnerieux s'était laissé tomber sur un fauteuil.

— D'abord, — commença-t-il, — la besogne n'est point terminée...

— Alors, pourquoi es-tu revenu?

— Je vais te l'apprendre. — Apprête-toi à bondir...

— A bondir? — répéta Jacques. — Est-ce que Marthe Berthier est morte ou disparue?...

— Elle existe, et je sais où elle est...

— Eh bien! ce que tu n'as pas fait, tu le feras, voilà tout...

— Il existe des difficultés, et toi-même, peut-être, quand tu les connaîtras, tu les trouveras insurmontables...

— Moi, allons donc!... Est-ce que je suis homme à reculer devant quelque chose?

— Qui sait?

— Voyons, explique-toi... tu me fais mourir d'impatience! Pourquoi tous ces ambages?...

— Parce que j'ai peur de parler...

Jacques Lagarde haussa dédaigneusement les épaules.

— Parle tout de même! — répliqua-t-il ensuite. — Tu n'ignores pas que rien ne me fait peur, à moi!...

— Qui sait?...

— Je le sais, moi, et cela suffit...

— Arme-toi de résolution... de courage...

— Résolution?... Courage?... A quel propos?...

— Je vais te porter un coup terrible...

— Je suis assez fort pour le supporter...

— Ton cœur va recevoir une blessure douloureuse...

Jacques commençait à éprouver une vague inquiétude.

— Mon cœur! — répéta-t-il en affectant un air délibéré. — Une blessure douloureuse!! — Allons, décidément, tu deviens fou; et si la Suisse produit de semblables effets sur tous les voyageurs que leurs affaires y conduisent, mieux vaudrait ne point passer la frontière!! — Finissons-en... — As-tu vu Marthe Berthier et sa mère?

— Non.

— Pourquoi?

— Elles avaient quitté Genève après avoir vendu un petit établissement dont elles vivaient...

— Quand sont-elles parties?

— Au mois de mai de cette année.

— Tu as trouvé leurs traces?

— Sans la moindre peine.

— Où allaient-elles en quittant Genève?

— A Paris.

— Elles sont à Paris, alors?

— La mère étant tombée malade pendant le voyage, elles ont dû s'arrêter en route...

— Dans quel endroit ?

— A Joigny.

Jacques Lagarde devint très pâle.

— A Joigny !... — murmura-t-il, — à Joigny...

— Et, — continua Pascal, — là elles sont descendues, faubourg du Pont, à l'auberge du *Martin-Pêcheur.*

— Tonnerre ! — s'écria le pseudo-Thompson, les mains crispées sur ses couvertures. — Mais c'est l'histoire de Marthe Grandchamp que tu me racontes là !

— Oui, car Marthe Grandchamp n'est autre que Marthe Berthier, dont la mère s'est mariée avec un Genevois du nom de Grandchamp...

De pâle qu'il était, Jacques devint livide.

— Allons donc ! — fit-il, — tu extravagues ! c'est impossible !

— Cela est cependant.

— Marthe, — balbutia le médecin, les yeux hagards, — Marthe, une des héritières du comte de Thonnerieux...

— Condamnée comme les autres, par conséquent !... — dit Pascal en plongeant ses regards dans ceux de son complice, qui s'écria, en se dressant d'un mouvement brusque sur son séant :

— Condamnée ! — Pourquoi ?

— Parce qu'elle fait partie des victimes désignées,

qu'elle porte la médaille convoitée par nous, et qui ne peut nous appartenir sans que Marthe aussi disparaisse!

Jacques avait sauté à bas de son lit et il s'habillait à la hâte, tout en écoutant parler l'ex-secrétaire du feu comte.

Soudain il se plaça devant lui, les bras croisés sur la poitrine, la tête haute, les lèvres frémissantes, les traits décomposés, les yeux étincelants.

— Marthe ne mourra pas, entends-tu? — dit-il d'une voix sourde et sifflante. — On ne touchera pas un cheveu de sa tête!... — Je renoncerais plutôt aux millions cachés!... — Marthe menacée!... — Qu'on l'attaque!... — Je la défendrai, et malheur à qui voudrait passer outre!... — Marthe ne mourra point, parce que...

— Parce que tu l'aimes, pardieu! — interrompit Pascal. — Crois-tu donc que je ne le savais pas? — Il y a longtemps que je me suis aperçu de cet amour.

— Eh bien! oui, je l'aime de toutes les puissances de mon âme, de toutes les forces de mon cœur! — Je l'aime comme je ne croyais pas qu'il fût possible d'aimer! — Elle est tout pour moi!

— C'est pour cela que je suis revenu si vite, épouvanté d'avoir appris que Marthe Grandchamp n'était autre que Marthe Berthier!... C'est pour cela que je t'ai dit : — La nouvelle apportée par moi va te faire bondir !... — C'est pour cela que je te crie : — Jacques, nous sommes perdus !...

— Perdus? — répéta le médecin. — Pourquoi, perdus ?...

— Parce que nous allons à l'abîme !... — L'amour te domine et t'aveugle ! Pour cet amour, tu renonces à tout ! Pour cet amour, tu regardes comme non avenue la terrible besogne faite jusqu'ici !... — Le sang versé ne compte plus, ce sang dont chaque goutte devait pour nous se changer en or !... — Tu es comme Samson quand les ciseaux de Dalila eurent fauché ses cheveux... Une faiblesse de femme a remplacé ta force de lutteur... Tu vas à l'abîme, je le répète, et tu entraînes tes complices avec toi...

— Toutes ces phrases de mélodrame parce que j'aime Marthe ! — répliqua Jacques d'un ton moqueur.

— Oui, car cet amour est ta perte et la nôtre ! — Déjà, tu le vois, tu abandonnes nos projets presque accomplis, tu renonces à l'avenir rêvé, pour sauver Marthe...

— Je n'abandonne rien !... Je ne renonce à rien !... — Nous pouvons épargner cette enfant et arriver quand même à notre but...

— Non, nous ne le pouvons pas... — Marthe vivante, c'est garder à côté de nous un danger permanent !...

— Prouve-moi cela !

— La preuve est trop facile à faire ! — Il nous faut la médaille de Marthe, et cette médaille, réunie à celles que nous possédons déjà ou que nous posséderons bientôt, nous donnera le mot de l'énigme...

— Il nous la faut, j'en conviens... — répondit Jacques, — mais rien ne sera plus facile que de trouver un moyen adroit de m'en emparer...

— Soit, je l'admets... — Nous réunissons toutes les médailles et nous mettons la main sur la fortune cachée. — Nous voilà riches. — Le procès de Jérôme Villars, accusé d'avoir volé le testament du comte, est suffisamment instruit, et l'affaire vient en cour d'assises.

» Naturellement, le juge d'instruction aura relevé les moindres détails de la vie de M. de Thonnerieux... — On parlera de ces enfants nés le même jour que sa fille, de ces enfants inscrits par lui sur son testament, dont chacun avait reçu la médaille d'or commémorative et qui, les uns après les autres, ont été trouvés morts et dépouillés de leur médaille.

» Il a fallu, dans une circonstance récente, toute ton astuce, toute ta force d'âme, pour détourner la police de la route qu'elle suivait et qui était la bonne... Elle peut revenir à cette idée et reprendre cette route, la police!! — Elle peut rechercher les enfants, qu'elle ne trouvera pas puisqu'ils sont morts, ou plutôt elle en trouvera un, Marthe... Marthe qui sera appelée en justice, interrogée, qui racontera son histoire, et qui naturellement déclarera qu'en entrant dans notre maison elle avait la médaille, et que dans notre maison cette médaille lui a été volée...

» Remarque en passant que tu as été notoirement en rapport avec René Labarre, Paul Fromental et Fabien de Chatelux... trois des héritiers... — C'est grave !... Les soupçons éveillés, où s'arrêteront-ils ? — Réponds à cette question si tu peux !... Tout cela, ce sont des hypothèses, vas-tu peut-être me dire... — Hypothèses, soit !... j'en conviens, mais parfaitement réalisables, par conséquent très alarmantes...

» Marthe, mise en défiance, serait fatalement une ennemie, car je te mettrais au défi d'en faire une complice... »

— Une ennemie, Marthe ! — s'écria Jacques.

— Parfaitement bien !... Peut-être l'est-elle déjà... Dans tous les cas, sois certain que dès à présent elle se révolte contre ton amour, contre tes prétentions, car elle ne t'aime pas.

Jacques tressaillit de tout son corps. — Sur son front, entre ses sourcils, une ride profonde se creusa.

— Pourquoi prétends-tu qu'elle ne m'aime pas ?
— demanda-t-il.

— Cela saute aux yeux.

— Elle m'aimera plus tard...

— Jamais ! et cela pour la meilleure de toutes les raisons...

— Laquelle ?

— Elle en aime un autre.

Le pseudo-Thompson fit un geste de fureur.

— Supposition ! — fit-il ensuite.

— Non, certitude !

— Qui te l'a dit ?

— Personne. — Il m'a suffi d'observer... — J'ajouterai que, pour ne point voir, il faut que tu sois volontairement aveugle !

— Tu prétends donc savoir qui elle aime ?

— Pardieu !

— Et celui-là ?...

— C'est Paul Fromental... — La main sur la conscience, ne t'en doutais-tu pas un peu ?

— Je l'avais pressenti...

— A la bonne heure !

— Mais je suis le maître, et Paul Fromental est condamné !...

Ce fut au tour de Pascal de hausser les épaules.

— Quand nous aurons supprimé Paul, — répliqua-t-il, — Marthe mourra de désespoir...

— On ne meurt pas et on se console... on oublie... Marthe m'appartiendra...

— Jamais... à moins que tu n'emploies la ruse ou la violence...

— Ni l'une ni l'autre...

— Alors, portes-en ton deuil... — Je connais bien Marthe... Je l'ai beaucoup étudiée... — Elle est pleine de volonté, d'énergie, sous son apparence d'angélique douceur... — Quand Paul Fromental ne sera plus là pour la rattacher à la vie... quand elle se sentira bien convaincue qu'elle ne peut t'échapper, elle se tuera...

— Ah! c'est ainsi!... — Eh bien! si elle ne m'aime pas, si elle ne doit jamais être à moi, je veux du moins qu'elle n'appartienne point à une autre! — Elle mourra.

— Bravo!... je te retrouve enfin!

Jacques avait baissé la tête, et son visage offrait une expression sinistre.

— Oui, — reprit-il d'une voix sourde, — elle sera mienne, ou elle mourra...

— A cette heure, parlons sérieusement, — reprit Pascal, — et laissons de côté l'amour, qui est un sentiment peu sérieux...

Le pseudo-Thompson fit signe qu'il écoutait.

L'ex-secrétaire du comte de Thonnerieux poursuivit :

— Jamais je n'ai vu le moindre ruban, le moindre cordon, la moindre chaîne, autour du cou de Marthe, indiquant qu'elle porte la médaille reçue au moment de sa naissance...

— Moi, non plus...

— Comment expliques-tu cela?

— Sa mère ne lui a point donné, sans doute, l'habitude de la porter... Peut-être cette médaille se trouve-t-elle dans le coffret où elle serre les quelques modestes bijoux de deuil que je lui ai offerts...

— Il faudrait s'en assurer...

— Voudrais-tu la prendre?

— Inutile... — Il suffirait de la regarder; car je réfléchis à une chose : Nous n'avons nul besoin de la médaille elle-même, pourvu que nous connaissions les mots gravés dans le métal...

— C'est vrai! c'est vrai!! — s'écria Jacques avec un éclair de joie dans les yeux. — Marthe ne devra point partager le sort des autres héritiers puisque, la médaille restant en sa possession, elle ne pourra nous soupçonner! — Je vois même là une circonstance propre à dérouter complètement les recherches de la police, si ces recherches devaient avoir lieu.

— Ame faible! cœur de poulet!... voilà que tu reviens déjà sur la détermination prise tout à l'heure!

— Je voudrais épargner Marthe!

— Eh bien, épargne-la, mais évite au moins de jouer un rôle de dupe ! — Ne garde point Marthe pour un rival ! — Entre nous, ce serait trop naïf ! — Dans tous les cas, sachons d'abord où se trouve la médaille... — Angèle a chez ta prétendue pupille ses grandes et ses petites entrées... — C'est elle qu'il faut charger d'opérer les recherches... — Est-ce là ton avis ?

— Certes ! — Recommande-lui de copier exactement les mots.

— Sois paisible... — Qu'as-tu résolu au sujet de Fabien de Châtelux ?

— J'attends qu'il soit revenu ici plusieurs fois et qu'il se sente de plus en plus épris de Marthe... — Quand je le verrai prêt à obéir au moindre mot, au moindre signe d'Angèle, j'agirai.

— Tu voulais que tout soit terminé dans huit jours, et sur les huit, trois sont passés déjà...

— En cinq jours on fait bien des choses ! — Du reste il n'y a point péril en la demeure ! — Quarante-huit heures de plus ou de moins ne peuvent rien compromettre.

— Jacques, mon ami Jacques, prends garde ! — dit Pascal d'un ton grave, — tu m'inquiètes ! — Tu semblais tout à l'heure en voie de guérison, et une rechute vient d'avoir lieu !... — Tu es toujours et plus que jamais hypnotisé par l'amour !... —

Songe que je suis le même chemin que toi! Songe que nous nons sommes juré de marcher jusqu'au bout d'un commun accord, et qu'enfin j'ai le droit de te dire : — Jacques, tu n'es pas seul maître!

— Je ne l'oublierai point! — répliqua le pseudo-Thompson.

L'entretien fut interrompu par l'entrée d'Angèle dans la chambre de Jacques.

XXV

La prétendue cousine du pseudo-docteur Thompson venait d'apprendre le retour de Pascal et accourait pour savoir des nouvelles.

Les deux complices la mirent au courant de ce qui se passait.

Ils lui confièrent ensuite la mission délicate de chercher dans la chambre de l'orpheline la médaille du feu comte de Thonnerieux, et de prendre note exactement des inscriptions qu'elle portait.

Revenue de l'étonnement bien naturel que lui causait ce qu'elle venait d'apprendre, Angèle demanda :

— Où croyez-vous que Marthe puisse déposer cette médaille puisqu'elle ne la porte pas ?

— Elle ne saurait se trouver ailleurs que dans son coffret à bijoux, — répondit Pascal.

— Elle ne se sépare jamais de la clef de ce coffret...
— Ce qui prouve qu'il doit renfermer quelque chose de précieux... un objet ayant selon elle une grande valeur... — C'est à toi d'être assez adroite pour mettre la main sur cette clef...
— Soyez tranquille... je ferai de mon mieux!..
— Agis le plus promptement possible....
— Je tâcherai de faire naître l'occasion...

*
**

Deux jours s'étaient écoulés sans qu'Angèle, malgré tout son bon vouloir, eut trouvé le moyen de fouiller le coffret de Marthe.

Comme d'habitude le pseudo-Thomson avait donné ses consultations, mais il était d'une humeur sombre et parlait très peu, même à sa prétendue pupille, qui s'étonnait et s'inquiétait de le voir ainsi, supposant bien que ce mutisme inaccoutumé devait cacher quelque chose de grave.

Fabien de Chatelux, à l'insu de sa mère, était revenu visiter le docteur, pour avoir un prétexte de visiter Marthe.

Angèle avait fait en sorte de causer avec lui en tête à tête pendant quelques minutes, et de cet entretien était résulté la certitude que l'amour du jeune comte pour l'orpheline ne faisait que grandir.

— Il suffira d'un signe pour envoyer ce naïf jouvenceau où bon nous semblera... — dit-elle à Jacques.

— Le moment n'est pas arrivé... — répliqua-t-il.

Au moral comme au physique, le pseudo-Thompson changeait beaucoup.

Lui qui jusqu'alors allait droit au but, ne se préoccupant des obstacles que pour les briser, devenait hésitant, irrésolu.

La passion violente, absorbante, qu'il éprouvait et dont il ne se dissimulait point que les conséquences seraient vraisemblablement funestes, lui causait une sorte de prostration, lui enlevait toute énergie, toute force de volonté, toute décision.

Ses nuits étaient affreuses.

Les heures sans sommeil succédaient aux heures, et si parfois la fatigue triomphait de l'insomnie, si une lourde somnolence s'emparait de lui, des visions odieuses venaient le hanter, toujours les mêmes, lui montrant Marthe et Paul Fromental se souriant, les yeux dans les yeux et les mains dans les mains.

Un matin, après un cauchemar de ce genre longuement prolongé, Jacques se leva la tête en feu, le cerveau enfiévré, les nerfs tendus outre mesure, le cœur gonflé d'une sorte de rage.

Il fit prier Angèle et Pascal de venir le trouver dans son cabinet de travail.

Tous deux accoururent à son appel.

— Quand Fabien de Châtelux doit-il revenir ici? — demanda-t-il à Angèle.

— Probablement aujourd'hui...

— Le moment d'agir est arrivé... — Je suis décidé à ne plus traîner les choses en longueur... — Il faut que demain ce godelureau aille au *Petit-Castel*...

— Bravo! — fit Pascal. — Je te retrouve!... — Parole d'honneur, tu m'inquiétais...

— Je n'aurai qu'un mot à glisser à l'oreille du jeune comte... — dit Angèle. — Je me charge de vous l'amener moi-même... — Vous me donnez carte blanche?

— Assurément.

— Mais pourquoi remettre à demain ce qui pourrait avoir lieu ce soir? — demanda Angèle.

— Parce qu'il faut le temps de donner un rendez-vous à Fabien de Châtelux. — répliqua Jacques.

— Inutile! — Tout peut s'arranger aujourd'hui même, le plus facilement du monde... — Vous n'avez qu'à vous absenter de l'hôtel. — Marthe restera dans sa chambre. — C'est moi qui recevrai le jeune homme, et je me charge de tout. — Cela vous va-t-il?...

— Très bien.

— C'est convenu pour ce soir, alors?

— C'est convenu.

— A quelle heure faudra-t-il arriver là-bas?

— Entre onze heures et minuit.
— J'y serai.
— Moi, — dit Pascal, — je resterai ici pour conduire la voiture.
— Maintenant, parlons de Marthe. — Etes-vous parvenue à fouiller le coffret? — demanda Jacques.
— Non, mais je me suis procuré hier au soir tout un trousseau de petites clefs... Je compte bien, dans le nombre, en trouver une qui pourra s'ajuster à la serrure... — Demain, sous un prétexte quelconque, il faudra faire sortir Marthe sans moi...
— Demain, nous aviserons... — répondit le pseudo-Thompson.

Après le déjeuner les complices sortirent, laissant les deux femmes au logis.

Marthe donna quelques ordres aux domestiques, car elle était chargée, — nos lecteurs le savent, — de diriger tout dans l'intérieur, puis elle remonta chez elle, comme elle le faisait invariablement chaque jour.

Au lieu de lui proposer de monter avec elle, Angèle eut soin de rester au rez-de-chaussée afin de recevoir Fabien de Châtelux.

Jacques et Pascal avaient prévenu qu'ils dîneraient dehors.

Après le dîner, vers huit heures, Pascal reviendrait à l'hôtel afin de savoir de quoi Angèle était convenue avec le jeune comte, et ensuite il irait prévenir Jacques, qui l'attendrait au café de la gare du Havre.

Les prévisions d'Angèle se réalisèrent de point en point.

Fabien arriva rue de Miromesnil vers quatre heures. — C'était l'heure habituelle de ses visites.

Le jeune homme était follement épris.

Ce qu'Angèle lui avait dit au sujet de Marthe et du docteur avait notablement modifié ses idées au sujet de l'orpheline, d'autant plus que celle-ci, suivant de point en point les conseils du pseudo-Thompson, lui laissait dire tout ce que la passion lui dictait lorsqu'ils se trouvaient en tête à tête, l'écoutait sans se fâcher, sans se scandaliser, riait ensuite, et répondait évasivement.

La voyant ainsi, Fabien la traitait de coquette qui ne devait pas tenir beaucoup à se marier, et qui sans doute accepterait la complicité d'un amoureux pour échapper à l'existence quasi-claustrale qu'elle menait à l'hôtel de la rue de Miromesnil.

Le jugement qu'il portait sur la jeune fille était confirmé par les paroles d'Angèle.

La fidèle amie de Pascal faisait en sorte de surexciter chez Fabien le côté matériel de l'amour, et de lui donner des espérances afin de le faire tomber plus facilement dans le piège qui lui serait tendu.

Elle avait en outre une autre raison pour parler ainsi.

Supposant que d'un moment à l'autre Marthe, cédant à la passion qu'il lui inspirait, pourrait se montrer faible avec lui, Fabien gentilhomme et galant homme tiendrait à coup sûr absolument secrètes ses relations avec elle afin de ne la point compromettre.

Angèle avait atteint complètement son but.

M. de Châtelux, vis-à-vis de sa mère, affectait une complète indifférence au sujet de la pupille du docteur Thompson, et c'est à son insu, — nous l'avons déjà dit, — qu'il venait chaque jour à l'hôtel de la rue de Miromesnil.

— Arrivez donc, cher comte ! arrivez vite ! Je vous attendais avec une impatience dont vous ne vous faites pas d'idée !! — s'écria Angèle en allant à sa rencontre jusqu'au vestibule.

Elle lui prit les mains et le conduisit dans un petit salon dont elle referma la porte sur eux.

— Avez-vous donc quelque chose d'important à m'apprendre, chère madame ? — demanda vivement Fabien déjà ému.

— Oui... quelque chose de très important...

— Il s'agit de mademoiselle Marthe ?

— De Marthe et de vous...

— Ce n'est pas une mauvaise nouvelle que vous

allez m'apprendre, au moins ? — dit le jeune homme avec inquiétude.

Angèle haussa les épaules en répliquant :

— Oh ! ces amoureux! quels êtres parfaitement absurdes !! — Ils ne songent qu'à des crocs-en-jambes donnés à leurs amours et à toutes sortes de mésaventures saugrenues et imaginaires !! — On n'a pas plutôt ouvert la bouche et prononcé quatre paroles, qu'ils voient dans ces paroles des mystères inquiétants, et qu'ils se mettent martel en tête !

— Parlez, chère madame, parlez, je vous en supplie ! Vous me faites mourir d'impatience !

— Déjà !

— Je vous le jure !

— Alors, ce sera bien autre chose tout à l'heure et, si le docteur n'était absent, je le prierais de nous préparer quelque cordial pour vous éviter une défaillance...

— Le docteur est absent ?

— Oui, cher comte, ainsi que son secrétaire.

— Son absence, sans doute, sera de peu de durée ?...

— Il a été appelé ce matin en consultation dans un château à six lieues de Paris avec une demi-douzaine de ses plus illustres collègues... — Il s'agit d'un cas très grave... — Peut-être y aura-t-il une opération à faire... — Bref, ne sais quand reviendra !

Comme ça se chante dans la romance de *Malbrough s'en va-t'en guerre!* peut être cette nuit, très tard... — peut-être seulement demain...

— Alors mademoiselle Marthe est seule à l'hôtel et je vais pouvoir...

Angèle ne laissa point finir la phrase commencée.

— Vous ne pourrez absolument rien ! — interrompit-elle en riant.

— Comment, je ne puis présenter mes respectueux hommages à mademoiselle Grandchamp !

— Non, cher comte.

— C'est elle qui refuse de me recevoir ?

— Oh ! pas le moins du monde ! — Ce sont les circonstances qui ne lui permettent point.

— Les circonstances ! — Mademoiselle Marthe est-elle malade ?

— Si elle était malade, me verriez-vous souriante ?

— Non... non... Marthe se porte à merveille...

— Mais alors que signifie ce que vous me dites ?... — Vous avez l'air de vous moquer de moi...

— Ah ! cher comte, vous n'en croyez rien...

— Encore une fois, vous me faites mourir !

— Mourir ! — Gardez-vous en bien !... Il faut vivre, au contraire ! Vivre pour être heureux ! !

— Heureux ! — Puis-je l'être quand vous mettez le trouble dans mon cœur ?... l'angoisse dans mon âme ?...

— Que votre cœur se calme et que votre âme se rassérène !... — Alors, décidément, vous ne devinez pas ?...

— Je ne devine absolument rien... que pourrais-je deviner ?

— Il faut donc tout vous dire et je vais le faire. — Marthe, votre adorée Marthe, n'est plus à Paris.

Fabien devint pâle.

— Plus à Paris ! !... — balbutia-t-il.

— Non, mais il est inutile de vous inquiéter pour cela... Réjouissez-vous plutôt !!... — Le docteur, convaincu que le grand air ferait à Marthe beaucoup de bien, l'a envoyée, sur sa demande expresse, passer quelques jours à la campagne.

— Et elle est partie ?

— Ce matin...

— Sans penser à moi... Sans vous charger de quelques mots pour moi ?...

— Et patati !... et patata !... — s'écria Angèle avec un éclat de rire savamment modulé : — Quelle drôle de manie vous avez, cher comte, de vous emballer comme ça, Marthe est partie en pensant à vous, au contraire...

— Bien vrai ?

— Vous en faut-il une preuve ? — Eh bien ! en voici une, et je suppose que vous la trouverez indiscutable et que vous vous laisserez convaincre. — Au moment de monter en voiture, elle m'a chargée de vous donner ceci de sa part...

Tout en parlant, Angèle remettait un portrait-carte de la jeune fille dans les mains de Fabien.

— Oh ! quel bonheur !! — s'écria-t-il en appuyant la photographie contre ses lèvres et en la couvrant de baisers.

— Alors, — reprit l'amie de Pascal, — présentement, cher comte, vous êtes heureux ?

— Je ne crois pas qu'on puisse l'être davantage ?..

— Et en cela vous vous trompez !... Vous allez l'être plus encore !... beaucoup plus !... Je n'ai pas tout dit... — En me chargeant de vous remettre sa fidèle image, Marthe a ajouté quelque chose...

— Quoi donc ?... — Oh ! chère madame, parlez vite.

— Il faut vous dire d'abord que la demande de Marthe d'aller à la campagne sous prétexte de respirer le grand air avait un but.

— Un but ! Lequel ?

— Vous ne devinez pas ?

— Je n'ose.

— C'est un tort... — Il faut oser... surtout quand il s'agit des femmes... — Vous voyez que je trahis pour vous sans vergogne les secrets de la corporation !! — Eh bien ! à la campagne on est libre... On peut causer à cœur ouvert sans avoir la crainte d'être entendu par des valets qui vous épient... — Bref, Marthe n'a été prise de la toquade de la villégiature que pour pouvoir causer à cœur ouvert avec vous...

— Elle vous l'a dit? — s'écria Fabien radieux.

— Textuellement, et je vous invite de sa part à venir passer auprès d'elle une partie des quelques jours de liberté qui lui sont accordés...

— Auprès d'elle ? Moi ? Moi !!... — Vous ne me trompez pas ?...

— Ah ! sapristi, cher comte, vous pouvez vous vanter de damer joliment le pion à saint Thomas comme incrédulité !...

— C'est qu'une joie si grande, un tel bonheur, une pareille ivresse, me semblent si invraisemblables, si impossibles...

— Ils sont vrais, cependant, et d'une réalisation facile...

— Je me demande si je rêve...

— Non, vous êtes bien éveillé...

XXVI

— Et, — reprit Fabien, — quand Marthe me recevra-t-elle ?

— Dès ce soir, si vous êtes libre... — répondit Angèle.

— Libre ?... Je le suis toujours...

— Eh bien ! en allant la rejoindre, je vous emmènerai avec moi...

— Partons !... je suis prêt...

— Oh ! pas si vite, cher comte, je vous en prie ! — fit en riant l'amie de Pascal ; — j'ai des courses à faire pour le docteur, et ces courses me prendront pas mal de temps...

— Enfin, à quelle heure partirez-vous ?...

— Pas avant dix heures du soir.

— Dois-je venir vous chercher ici ?

— Non. — Trouvez-vous à dix heures et demie moins quelques minutes au point de rencontre du boulevard Philippe-Auguste et de la rue Alexandre-Dumas... — Je vous prendrai en passant.

— Où irons-nous ensuite ?

— Vous le verrez quand vous y serez.

— Pourquoi ne pas me le dire tout de suite ?

— Pourquoi tenez-vous à le savoir d'avance ? — Seriez-vous curieux, par hasard ? Si vous n'avez point confiance en moi, prenons que je n'ai rien dit et laissez-moi aller à mes affaires...

— J'ai confiance !... j'ai toute confiance ! ! — s'écria Fabien en prenant les mains d'Angèle et en les serrant entre les siennes ; — Quelle reconnaissance ne vous dois-je pas ?... — Ainsi c'est donc vrai, grâce à vous je vais me trouver auprès de Marthe... de mon adorée Marthe ?...

— Oui, mais je dois vous poser certaines conditions...

— Elles sont acceptées d'avance.

— Vous serez d'une discrétion absolue ?

— Je vous le jure !...

— Personne ne devra savoir où vous irez... où vous passerez vos soirées... personne au monde, pas même votre mère qui, sans le vouloir, pourrait trahir votre secret en causant avec le docteur...

— Je me tairai même avec ma mère...

— Vous passerez vos journées à Paris, et le soir vous reviendrez auprès de Marthe...

— Ne la verrai-je donc que le soir?
— Oui. — Cela doit être ainsi. — Ne vous plaignez pas, d'ailleurs, vous êtes bien partagé...
— Je ne songe guère à me plaindre !... Je suis le plus heureux des hommes !
— Eh bien, à l'heure convenue, soyez à l'endroit indiqué... Ma voiture s'arrêtera juste à l'angle de la rue Alexandre-Dumas...
— Où se trouve cette rue?...
— Dans le quartier de Père-Lachaise, près de la rue de Charonne.
— Je serai exact...
— Ah ! sapristi ! je n'en doute pas ! — Maintenant, sauvez-vous... — J'ai des masses de courses à faire, vous le savez, et je me suis mise en retard pour vous attendre...
— Je vous remercie de toute mon âme !
— Ne me remerciez pas !... Les salamalecs ça prend du temps, et filez !

Fabien baisa la main d'Angèle et, le cœur débordant de gratitude, quitta la complice de Pascal Saunier et de Jacques Lagarde.

A huit heures Pascal venait à l'hôtel prendre le mot d'ordre, ressortait et allait prévenir Jacques qui partait aussitôt pour le *Petit-Castel*.

A dix heures, l'ex-secrétaire du comte de Thonnerieux montait sur le siège du coupé dont Angèle occupait l'intérieur, prenait en mains le fouet et les guides et dirigeait le cheval vers le lieu du rendez-vous donné à Fabien de Chatelux.

Le comte était naturellement d'une gaieté folle en rentrant à l'hôtel de la rue de Tournon.

Il se montra plus affectueux encore que de coutume avec sa mère qui, tout en se réjouissant de cette recrudescence de tendresse, ne songea point à s'en étonner et par conséquent à en chercher la cause.

On vint annoncer que le dîner était servi. — La comtesse et son fils se mirent à table en tête-à-tête.

— Que faites-vous ce soir, mère ? — demanda Fabien.

— Je vais chez la marquise de Richemont... — Tu dois te souvenir que nous avons reçu une invitation.

— Je l'avais oublié.

— M'accompagneras-tu ?

— Si vous le désirez, certes, mais je vous demande de vouloir bien m'en dispenser...

— As-tu quelque projet ?

— Oui... — Le Gymnase donne ce soir la première représentation d'une pièce en cinq actes qu'on dit intéressante... — Un de mes amis dont le père est journaliste m'a envoyé un billet... Il s'étonnerait certainement et se blesserait peut-être si je n'en profitais pas.

— Profites-en-donc, cher enfant... j'irai seule chez madame de Richemont.

— Cela ne vous contrariera point ?

— En aucune façon. Rentreras-tu tard ?

— C'est possible. Les grandes premières finissent toujours après minuit.

— Alors tu me diras bonsoir en me quittant, et nous ne nous reverrons que demain matin.

— Oui mère.

La conversation continua, mais en roulant sur des sujets qui ne pourraient intéresser nos lecteurs.

Vers huit heures les deux convives quittèrent la table.

Fabien prit congé de sa mère qui l'embrassa avec effusion en lui disant :

— Amuse-toi bien !

— Je tâcherai, — répondit-il avec un sourire ; — mère, à demain...

Le jeune homme gagna sa chambre, s'occupa de sa toilette, une véritable toilette d'amoureux à laquelle il apporta des soins particuliers, plaça la photographie de Marthe dans un petit coffret d'ébène, après l'avoir couverte de baisers, sortit, prit une voiture et se fit conduire au Gymnase où il avait résolu d'attendre l'heure du rendez-vous.

Les minutes lui semblant effroyablement longues, il cherchait à les raccourcir.

La pièce nouvelle du Gymnase était intéressante en effet.

Il n'en vit cependant que le premier acte, et au baisser du rideau il aurait été bien embarrassé s'il lui avait fallu rendre compte de ce qui venait d'être représenté devant lui.

La pensée de Marthe l'absorbait absolument.

Ce n'était point les comédiennes en scène qu'il voyait, ou du moins qu'il croyait voir, — c'était la pupille du docteur...

Pendant l'entr'acte il échangea quelques paroles avec deux ou trois de ses amis, puis il disparut après avoir regardé sa montre.

Elle indiquait dix heures moins dix minutes.

Sur le boulevard il monta dans un fiacre.

— Où allons-nous? — demanda le cocher.

— Avenue Philippe-Auguste.

— A quel endroit de l'avenue

— Vous m'arrêterez à une cinquantaine de pas de la rue Alexandre-Dumas...

— Hue ! Cocotte ! !

Le fiacre roula.

— Nous y sommes... — fit le cocher au bout de trente-cinq minutes en arrêtant son cheval.

Fabien descendit.

— Alors, — fit-il en payant la course, — la rue Alexandre-Dumas est en face de moi?

— Oui, monsieur... — Continuez l'avenue comme si vous alliez à la barrière du Trône... — La rue Alexandre-Dumas est la première à droite et à gauche, à cinquante pas d'ici...

Le jeune homme se mit en marche.

De loin il voyait les feux de deux lanternes immobiles briller dans les ténèbres sur le boulevard absolument désert.

— Ça doit être la voiture de madame Angèle... — murmura-t-il en hâtant le pas.

Bientôt il ne fut plus qu'à une faible distance d'un coupé de maître.

Le cocher, très barbu, le chapeau à cocarde rabattu sur les yeux, offrait la raideur d'un soldat prussien.

Ce cocher était Pascal qui, une fois arrivé à cet endroit solitaire, avait tiré du coffre du siège et ajusté sur son visage la fausse barbe qui le rendait absolument méconnaissable.

Fabien s'approcha de la voiture.

Aussitôt la glace en face de laquelle il se trouvait s'abaissa.

Une tête de femme apparut dans l'ouverture.

Le nouveau venu devina Angèle plutôt qu'il ne la reconnut au milieu des ténèbres presque compactes.

— Est-ce vous, cher comte ? — demanda l'amie de Pascal.

— C'est moi...

— Montez vite.

En même temps la portière s'ouvrait.

Fabien prit place à côté d'Angèle, referma la portière et releva la vitre.

Les ordres étaient donnés d'avance. Le cheval partit à une très rapide allure.

— Maintenant, chère madame, me direz-vous où nous allons ? — fit le jeune homme en souriant.

— Vilain curieux, soyez patient ! — Qu'avez-vous tant besoin de savoir où nous allons, puisque vous savez que dans très peu de temps vous verrez votre chère Marthe !...

— J'ai tort et vous avez raison...

La voiture filait dans l'obscurité très vite et sans la moindre secousse, roulant tantôt sur un macadam bien entretenu, tantôt sur des allées d'un terrain sablonneux.

Accoté dans l'angle gauche où il se pelotonnait, car Angèle bien en chair tenait pas mal de place, Fabien rêvait.

Comme tous les amoureux au moment où ils croient toucher au but de leurs ardents désirs, il se demandait ce qu'il allait dire à la bien-aimée, quelles questions elle lui adresserait et ce qu'il répondrait à ces questions.

Ce qui n'empêchait pas le trajet de lui semblait interminable.

Au bout de plus d'une demi-heure il rompit le silence que la prétendue cousine du pseudo-docteur Thompson observait comme lui.

— Il me semble que nous roulons depuis un temps infini... — dit-il, — Arriverons-nous bientôt, chère madame ?

— Avant cinq minutes.

En effet, la cinquième minute n'était pas écoulée quand la voiture s'arrêta.

— Vous ai-je menti ? — reprit Angèle en ouvrant celle des portières qui se trouvait de son côté. — Laissez-moi descendre et attendez-moi là... — Surtout, cher comte, ne bougez pas !!

Elle referma la portière et s'éloigna laissant seul Fabien qui commençait à s'étonner un peu de ces façons d'agir, mais qui n'éprouvait cependant pas la moindre méfiance.

L'amie de Pascal avait tiré de sa poche une clef.

Avec cette clef elle ouvrit la grille du *Petit-Castel*; le coupé entra au pas dans la cour, suivit l'allée sablée qui décrivait une ellipse régulière autour de la pelouse, et alla faire halte auprès du perron.

Là Angèle leva la consigne imposée à son compagnon de voyage.

— Maintenant, — dit-elle, — vous pouvez descendre. — Vous avez été très sage tout le temps, et vous en serez récompensé. — Venez vite, la chère mignonne doit vous attendre avec une impatience égale à la votre...

Fabien ne se le fit pas répéter deux fois et s'élança hors de la voiture.

Les paroles qu'il venait d'entendre lui faisaient couler du feu dans les veines...

Il allait voir Marthe, et Marthe l'attendait avec impatience !

Cette pensée lui donnait la fièvre, le délire...

Ses tempes battaient...

Son cœur sautait dans sa poitrine comme un oiseau captif qui se heurte aux barreaux de sa cage.

Il suivit Angèle.

Elle gravit les degrés du perron et franchit le seuil de la villa.

Une lanterne à verres dépolis, supendue au plafond du vestibule, tamisait des lueurs voilées et mystérieuses.

Angèle se dirigea vers la salle à manger dont elle ouvrit la double porte capitonnée.

Une clarté vive jaillit aussitôt.

Le couvert était mis pour trois convives sur la table couverte de fleurs, d'argenterie, de cristaux.

Tout cela chatoyait sous les feux des bougies d'un lustre à douze branches et de deux candélabres.

—Trois couverts!! — dit Angèle en riant et en montrant la table ; — Vous voyez que la mignonne vous attendait, et qu'elle s'apprête à vous bien recevoir !! — Êtes-vous un homme aimé ! Êtes-vous un homme heureux ! Hein, cher comte, qu'en pensez-vous ?

Fabien ne répondit pas.

Il était étourdi, fasciné, par cet éclairage féerique au sortir d'une obscurité presque complète ; enivré par le parfum des fleurs...

— Attendez un instant... — poursuivit Angèle ; — je vais avertir notre chère Marthe de votre arrivée...

Et elle sortit vivement en refermant la porte derrière elle.

Comme Antoine Fauvel, comme Amédée Duvernay et la belle Virginie, comme René Labarre enfin, le jeune comte de Châtelux était dans la salle d'anesthésie, livré sans défense et sans défiance aux misérables qui voulaient sa mort !

Angèle alla droit à l'office où se trouvait le pulvérisateur chargé de kérosélène.

Jacques et Pascal étaient à leur poste.

Déjà la main du docteur, pressant la boule de caoutchouc, envoyait dans la pièce voisine les effluves de la vapeur mortelle.

Un silence effrayant régnait autour d'eux.

Ce silence fut interrompu tout à coup par des bruits de pas rapides foulant le plancher, par des coups violents frappant les portes verrouillées.

Fabien, ressentant les premiers effets produits par l'inhalation prenait peur et, cherchant à fuir, courait de droite à gauche, cherchant une issue qu'il ne pouvait trouver.

Aux bruits que nous venons de signaler succéda un retentissement sourd, semblable à celui qui résulte de la chute d'un corps.

Le jeune comte, vaincu par l'anesthésie, venait de s'abattre, inanimé, pareil à un cadavre.

XXVII

Jacques et Pascal se précipitèrent vers la porte et l'ouvrirent.

Fabien était étendu sur le dos, les yeux fermés, les bras écartés.

— Vite, prends la médaille, — dit le médecin à son complice — pendant que je prépare la compresse imbibée de kérosélène...

Pascal s'agenouilla près du jeune homme, dénoua sa cravate, déboutonna son col, et entr'ouvrit la chemise pour prendre sur la poitrine l'objet qu'il cherchait...

Soudain il poussa une exclamation de colère et se releva les sourcils froncés, le front plissé.

— Qu'y a-t-il ? — demanda Jacques inquiet.

— Il y a que nous venons de travailler pour rien !.

— Il ne porte pas la médaille du comte de Thonnerieux !...

— Il ne porte pas la médaille ! — répéta le pseudo-Thompson d'une voix altérée.

— Non.

— C'est impossible !...

— Cela est, cependant. — Regarde toi-même.

— Fouille-le ! — reprit Jacques ; — Peut-être a-t-il cette médaille sur lui... dans une de ses poches... dans son portefeuille... dans son porte-monnaie...

Pascal cherchait d'une main fiévreuse.

— Rien ! rien ! — fit-il au bout d'un instant — Quel parti prendre ? Sa mort nous devient inutile...

— Oui, mais le laisser libre c'est nous perdre... — il nous faut sa médaille...

— Que décides-tu ?

— De le laisser vivre... jusqu'à nouvel ordre du moins...

— Songe au danger !

— Je supprime le danger... — Fabien de Chatelux vivra, mais il ne sortira plus d'ici...

— Comment ?

— Tu le verras. — Vite, le corps sur l'ascenseur, avant que l'anesthésie ait cessé...

Jacques et Pascal soulevèrent le jeune comte par les jambes et par les épaules, et l'ascenseur le déposa sans secousse au sous-sol où Angèle attendait.

— Ouvrez la porte du caveau, s'il vous plaît, ma chère cousine... — lui dit Jacques.

L'amie de Pascal prit un bougeoir, et sans demander d'explication s'empressa d'obéir.

Les deux complices soulevèrent de nouveau le corps, mais au lieu de le dévêtir et de l'étendre sur la table pour pratiquer au cou l'incision mortelle, ils le transportèrent dans le caveau dont Jacques avait fait murer les ouvertures.

C'était un petit cellier voûté, muni d'une épaisse porte de bois de chêne doublée d'une feuille de tôle et possédant un système de fermeture à secret.

— Et maintenant ? — demanda Pascal.

— Maintenant, — répondit Jacques, — tandis que je vais faire en sorte de prolonger l'anesthésie, descends ici avec l'aide d'Angèle deux matelas, une petite table, une veilleuse, un flacon rempli d'huile et des mèches... — Joignez à cela des provisions de bouche... Hâtez-vous...

Angèle et Pascal remontèrent au rez-de-chaussée pour exécuter ces ordres, et Jacques, agenouillé près du corps de Fabien, maintint sous les narines du jeune comte une compresse imbibée de kérosélène.

Pascal reparut au bout de quelques minutes portant sur ses épaules deux matelas qu'il déposa dans un angle.

Il prit dans la cuisine une table et une chaise qui devaient composer l'unique mobilier du caveau changé en prison.

Angèle à son tour arriva chargée d'un flacon d'huile, d'une veilleuse et d'une boîte pleine de mèches.

Elle posa la veilleuse sur la table, la remplit d'huile, plaça la mèche et l'alluma.

— Hâtez-vous d'apporter des aliments, du pain, du vin et de l'eau... — commanda Jacques qui, deux doigts appuyés sur le poignet de Fabien, comptait les pulsations de l'artère. — Le pouls se ralentit... Ce sommeil dure trop longtemps... la mort arriverait...

Il suffit de quelques secondes pour accomplir les volontés de Jacques.

— En le fouillant, tu n'as trouvé dans ses poches aucune arme? — demanda ce dernier.

— Aucune.

— Et la photographie de Marthe qui lui a été donnée par Angèle?

— Non plus... — il l'aura laissée chez lui.

— Peu importe. — Plaçons-le sur ce lit... — Ah! vous avez ajouté des draps et des couvertures auxquels je n'avais pas pensé... — C'est bien... — Ce dernier rejeton des Châtelux pourra dormir ici à son aise, sans être réveillé par le bruit des voitures.

Fabien, toujours sans connaissance, fut couché sur les matelas, et Angèle, prise d'une compassion bien féminine pour un aussi joli garçon, eut soin d'étendre sur lui les couvertures afin qu'il ne se refroidit pas.

— Tout est en ordre... — dit Jacques. — Filons.
— Bonne nuit, monsieur le comte ! — ajouta-t-il en riant au moment où il franchissait le seuil du caveau.
— Faites de doux rêves d'amour. — Bientôt nous causerons...

Il repoussa la porte qui se referma avec un bruissement métallique auquel succéda le craquement sec du ressort de la serrure.

— Que diable allons-nous faire de lui ? — demanda Pascal intrigué.
— Ce que nous venons d'en faire...
— Un prisonnier... oui... Mais quel sera le résultat de son emprisonnement ?
— De nous mettre en possession de la médaille, pardieu ! ! Il faut que nous sachions où elle se trouve...
— A l'hôtel de la comtesse de Châtelux, sans le moindre doute.
— L'hôtel est grand ! L'explorer de la cave au grenier serait peu commode... Quand il nous aura

indiqué la cachette (et je me charge de lui délier la langue), nous irons y prendre la médaille, si elle nous est indispensable... Mais songeons d'abord aux deux autres... Inutile de nous attarder ici plus longtemps... En route pour Paris...

Dix minutes plus tard le coupé du pseudo-docteur Thompson quittait le *Petit-Castel*.

Le sommeil anesthésique de Fabien de Châtelux n'étant plus entretenu par la compresse imbibée de kérosélène ne se prolongea que fort peu de temps après le départ des trois complices.

Le jeune homme commença par étirer, d'un mouvement tout machinal, ses membres endoloris.

Les yeux s'ouvrirent, mais une grande confusion régnait dans son esprit ; — il lui sembla qu'il dormait encore et qu'il achevait un mauvais rêve...

Ce rêve, cependant, ne se rattachait d'aucune façon à ce qui lui était arrivé, lui semblait-il.

Il se voyait encore dans la salle à manger où l'éclat des lumières l'éblouissait, où le parfum des fleurs lui montait au cerveau... puis il avait conscience d'une sorte de voile de plus en plus épais s'étendant devant ses yeux, d'un brouillard l'enveloppant et éteignant les feux des bougies, des candélabres et du lustre... sa tête en ce moment devenait si lourde qu'il ne pouvait plus la porter et il perdait la notion de l'existence.

Fabien alors essaya de se soulever sur son coude et regarda autour de lui.

Une mèche de veilleuse, donnant la sensation d'une pâle gouttelette de lumière dans la pénombre, brûlait sur une petite table de bois blanc supportant en même temps quelques assiettes, deux bouteilles et un pain.

Il y avait loin de là à la table splendidement servie vue et admirée par lui dans la salle à manger où l'avait fait entrer Angèle.

Que signifiait cela ?

Fabien se leva d'un bond ; mais ses jambes amollies refusèrent de le soutenir, et il fut obligé de chercher un point d'appui pour ne pas tomber.

Ses mains rencontrèrent une muraille nue et froide.

— Où suis-je donc ? — se demanda le jeune homme en se frottant les paupières. — Est-ce que je rêve encore ?... — Mais non... non... je ne dors pas... — continua-t-il au bout d'un instant. — J'ai toute ma raison... — Je suis dans une cave où j'ai été apporté pendant mon sommeil... Un sommeil trop soudain pour être naturel... — Cette veilleuse... Ces provisions... Suis-je tombé dans quelque piège ?

Chancelant, il se dirigea vers la porte massive qu'il frappa de ses mains sans parvenir seulement à l'ébranler, une véritable porte de cachot.

— Enfermé!... — murmura-t-il avec angoisse. — Prisonnier !... Que signifie cela?... — C'est à croire que je deviens fou et que je rêve les yeux ouverts !... Voyons... je me souviens... je suis sûr de me souvenir... — J'étais à Paris, au Gymnase... J'en suis sorti longtemps avant la fin de la pièce... j'ai pris une voiture... j'ai donné l'ordre de me conduire avenue Philippe-Auguste où m'attendait madame Angèle qui devait me mener auprès de Marthe... je suis monté dans le coupé de madame Angèle... je suis arrivé dans une maison inconnue... dans une pièce pleine de lumière, où trois couverts étaient dressés... — Madame Angèle m'a dit d'attendre pendant qu'elle allait prévenir Marthe...

» J'ai attendu, et tout à coup il m'a semblé qu'un bandeau de plomb m'étreignait les tempes... — La respiration me manquait... Mes paupières s'abaissaient malgré moi... J'ai voulu sortir pour prendre l'air... J'ai marché... et... et je ne me rappelle plus rien... et je ne sais rien... je ne comprends rien, sinon que je suis prisonnier...

» Prisonnier ! mais pourquoi ?

» Prisonnier ! De qui ?

» De Marthe ? — C'est impossible !

» D'Angèle ? — C'est insensé !... »

Fabien s'interrompit en frissonnant de tout son corps.

Une pensée venait de lui traverser l'esprit et l'épouvantait !

— Mon Dieu, — poursuivit-il au bout d'un instant, — si j'étais prisonnier du docteur Thompson... du docteur qui de retour à Paris plus tôt qu'il ne croyait sera venu ici où il m'aura trouvé, et qui me supposant, me devinant aimé de Marthe, se venge par jalousie ! — Oui... oui... cela doit être... le docteur se venge, et Marthe, en ce moment, expie ainsi que moi sans doute le crime de m'avoir donné son cœur...

— Mais comment cet homme sait-il ?... Car enfin je n'ai pas vu Marthe... donc elle est innocente, sinon d'intention du moins de fait !... Comment admettre que madame Angèle n'ait paru protéger notre amour que pour nous trahir ? — Quel intérêt pouvait-elle avoir à m'attirer ici ?... — Evidemment aucun ! — Oh ! ma tête se trouble ! — Est-ce que je ne vais pas devenir fou au milieu du dédale d'idées incohérentes, absurdes, ridicules, assiégeant mon cerveau ?... — Ah ! Je verrai ce docteur Thompson... je lui avouerai que j'aime et que je suis aimé... je lui demanderai la main de Marthe... — Il viendra... — il ne peut me garder ainsi enfermé sans commettre le crime de séquestration... il ne peut m'empêcher d'aller retrouver ma mère, ma mère qui peut-être à cette minute se livre au désespoir en ne me voyant point reparaître à l'hôtel, car qui sait combien de temps j'ai dormi... — peut-être depuis longtemps fait-il jour...

Et, pris d'une sorte de soudain délire, Fabien se mit à crier de toutes ses forces:

— A moi!... A moi, docteur Thompson!... Venez à moi, docteur!

L'appel du captif restait sans écho.

Ses poings fermés heurtaient le panneau de chêne doublé de tôle et se meurtrissaient sans autre résultat que de le faire résonner sourdement, lugubrement.

— Docteur!... à moi, docteur!... — répétait le jeune homme affolé.

Le silence seul répondait à ses appels.

— Veut-on me laisser mourir ici ? — murmura-t-il. — Non, cependant, puisqu'on me donne de quoi manger... — On ne cherche donc pas à me tuer par la faim... — Mais, en supposant même qu'on ne songe point à m'assassiner, c'est effroyable d'être enfermé ainsi.

Et Fabien se reprit à crier de nouveau.

Il tremblait de rage et d'effroi ; — ses appels s'étranglaient dans son gosier et devenaient de moins en moins distincts.

A ses inutiles clameurs succédèrent des rires nerveux.

Un véritable accès de folie furieuse s'emparait de lui.

Cet accès se termina par une crise effrayante, et

Fabien épuisé, écumant, roula sans connaissance sur les matelas qui devaient lui servir de couche.

Le lendemain de cette nuit sinistre était jour de consultation chez le docteur Thompson.

Marthe devait occuper son poste habituel dans la pièce voisine du cabinet de Jacques, et remplir ses fonctions accoutumées.

Elle s'était levée de bonne heure en songeant à Paul Fromental qui, docile à ses recommandations, n'avait point reparu à l'hôtel de la rue de Miromesnil.

— Peut-être viendra-t-il aujourd'hui... — se disait l'orpheline, et elle se sentait heureuse de cette pensée et de cette espérance car, malgré les craintes instinctives qu'elle éprouvait, elle aurait donné beaucoup pour voir le jeune homme, ne fût-ce que pendant quelques instants.

Au moment où elle allait achever sa toilette, on frappa doucement à la porte de sa chambre...

— Qui est là? — demanda-t-elle.
— Moi, votre amie Angèle.
— Entrez.

L'amie de Pascal franchit le seuil et vint donner à Marthe un baiser de Judas.

— Dépêchez-vous de mettre un chapeau et un mantelet, chère mignonne... — lui dit-elle. — On vous attend...

— Qui donc?
— Le docteur...
— Que me veut-il?
— Il vient de donner ordre d'atteler et il désire vous emmener faire un tour au Bois...
— Seule? — murmura l'orpheline déjà inquiète.
— Non, avec son secrétaire, M. Pascal...
— J'aurais souhaité rester à la maison ce matin... Voulez-vous prier le docteur de sortir sans moi?...
— Je ne me charge point du tout de la commission... — Vous mécontenterez mon cousin, chère mignonne, et il ne faut pas!... il est si bon... Il est si heureux d'être auprès de vous... si fier quand vous vous montrez avec lui!... Voyons... voyons... ce chapeau, ce mantelet, et en route!... Une petite promenade matinale vous fera grand bien...

Tout en parlant, Angèle tendait à Marthe un chapeau noir et un vêtement de deuil.

La jeune fille n'avait aucune raison plausible à faire valoir pour s'obstiner dans son refus.

Elle se laissa faire et, une fois complètement habillée, elle descendit.

XXVIII

Pascal et Jacques attendaient Marthe sous le péristyle de l'hôtel.

Jacques lui tendit la main, mais contre sa coutume il ne se pencha pas vers elle pour l'embrasser sur le front.

L'orpheline ne put s'empêcher de penser :

— Je ne sais pourquoi cette réserve me semble inquiétante... — J'aimerais mieux qu'il fût toujours le même.

— J'espère que cette sortie matinale ne vous contrarie point, ma chère Marthe? — fit le pseudo-Thompson dont les paupières s'abaissèrent pour cacher l'éclat de ses yeux.

— Assurément non, docteur... — répondit la jeune fille.

— Eh bien, montez... — Depuis le jour de l'accident, vous n'êtes pas sortie... Le grand air sera très bon pour vous...

Marthe s'installa dans la victoria.

Jacques s'assit à côté d'elle et Pascal prit place en face de Jacques.

— Au Bois! — commanda le docteur.

La voiture partit.

Angèle, en observation derrière les rideaux de l'une des fenêtres de l'hôtel, la vit sortir de la cour et s'éloigner.

Alors, elle alla vivement à la chambre de Marthe, en franchit le seuil, referma la porte derrière elle et, pour rendre toute surprise impossible, fit tourner deux fois la clef dans la serrure, la retira et la glissa dans sa poche.

— Maintenant, — murmura-t-elle, — j'ai du temps devant moi. Il s'agit d'être très roublarde et de mettre la main sur la fameuse médaille... Où peut-elle être?... Dans le coffret aux bijoux, ont-ils dit... Cette supposition me paraît assez vraisemblable... Il n'y a aucune cachette dans cette chambre et les tiroirs ne sont pas fermés. Enfin, nous allons bien voir...

Angèle se dirigea vers un petit meuble de bois noir à incrustations de cuivre occupant l'un des panneaux.

Sur ce meuble, au milieu de menues chinoiseries et de divers petits objets de curiosité sans grande valeur, se trouvait un coffret de vieil argent ciselé, cadeau du docteur à sa pupille.

L'amie de Pascal prit ce coffret, en ayant soin de ne point déranger les bibelots qui l'entouraient, le plaça sur ses genoux et tira de sa poche un trousseau composé d'une vingtaine de clefs minuscules, des formes les plus variées.

Elle en essaya successivement dix ou douze sans obtenir le résultat souhaité.

Aucune ne s'ajustait à la serrure.

Enfin Angèle poussa un soupir de satisfaction.

La treizième clef entrait facilement; — elle tournait en faisant jouer les ressorts.

Angèle tenta de soulever le couvercle qui céda docilement à l'action de la main.

Le coffret était ouvert.

Sur un coussinet de satin ouaté, piqué et parfumé, l'ex-marchande à la toilette aperçut les quelques bijoux de deuil offerts à l'orpheline par le pseudo-Thompson, mais la médaille ne se trouvait point au milieu de ces bijoux.

La forte femme enleva le coussinet en le prenant par chacune de ses extrémités afin de laisser tout exactement dans le même ordre ; elle le posa sur une table et revint au coffret.

Il ne contenait plus que quelques papiers qu'elle

examina et dont elle constata l'insignifiance absolue ; notes acquittées de couturière ou de modiste.

— Décidément ce n'est pas là !! — se dit Angèle de fort mauvaise humeur. — Pascal et Jacques se figureront que si je n'ai point trouvé c'est que j'ai mal cherché ! — Que le diable emporte cette pécore et sa médaille !!

Elle ajouta avec un sourire, en se reprenant :

— Non... non... Elle toute seule, mais qu'il nous laisse la médaille, puisque nous en avons besoin...
— Allons, il s'agit de fureter ailleurs...

L'amie de Pascal, après avoir remis tout en ordre dans le coffret, le referma et le replaça dans l'endroit où elle l'avait pris.

Ceci fait, elle jeta un regard circulaire sur les meubles garnissant la chambre, se demandant lequel de ces meubles elle devait ouvrir le premier pour continuer ses recherches.

— Autant celui-là qu'un autre... — murmura-t-elle en allant à un chiffonnier de laque dont elle visita successivement les tiroirs.

Son instinct l'avait mal servie, car l'exploration ne lui fit absolument rien découvrir.

Elle fouilla un second meuble, puis un troisième, et elle commençait à désespérer quand elle aperçut un second coffret en ébène, incrusté de nacre, posé hors de portée de la main sur une crédence assez haute.

— Ce pourrait être dans celui-là... — pensa la forte femme.

Et se servant d'une chaise en guise de marche-pied, elle se hissa jusqu'au coffret qu'elle atteignit.

— Il est bien léger, — continua-t-elle, — et la couche de poussière dont il est couvert prouve jusqu'à l'évidence que Marthe n'y touche pas souvent.

Comme le coffret d'argent, celui d'ébène était fermé.

Angèle dut recourir à son trousseau et, de même que la première fois, elle essaya une dizaine de clefs avant d'en trouver une bonne.

Enfin, le couvercle se souleva.

Le coffret, apporté de Genève, contenait quelques papiers et quelques lettres anciennes qu'Angèle souleva afin de s'assurer qu'ils ne cachaient point la médaille.

Sa conviction faite à cet égard, elle obéit à un sentiment de curiosité bien féminine en examinant les papiers.

Le premier qu'elle déplia était l'acte de naissance de Marthe avec son vrai nom de Berthier. — Il y avait aussi l'acte de décès de Grandchamp, le mari de sa mère.

Un papier jaune plié en quatre attira l'attention de l'ex-marchande à la toilette.

— Ça ressemble à une reconnaissance du Mont-de-Piété... — se dit-elle. — Je m'y connais... j'en ai pas mal acheté dans le temps !

Elle déplia le papier jaune.

Son flair ne l'avait point trompée.

C'était bien une reconnaissance du Mont-de-Piété.

— Tiens ! tiens ! tiens !... — fit-elle presque à haute voix. — La petite a quelque chose au *clou !* — Qu'est-ce que ça peut bien être ?

Son œil courut à la colonne affectée à la désignation des objets sur lesquels l'administration avait fait un prêt.

Elle lut :

« *Une médaille d'or, premier titre, pesant quarante-cinq grammes quatre-vingt-trois centigrammes, et portant des dates, des mots, et un numéro d'ordre.* »

— Mais, saperlipopette !... C'est la reconnaissance de la médaille que je cherche !... — dit Angèle avec joie. — Elle avait mis tout bonnement sa médaille chez *ma tante !* — Ah ! par exemple, en voilà une bonne ! — Jacques et Pascal seront contents ! — C'est comme s'ils avaient l'objet dans leur poche !...

En ce moment se fit entendre le bruit d'une voiture roulant sur les pavés de la cour de l'hôtel.

L'exploration de la chambre de Marthe avait duré plus d'une heure.

Angèle se hâta de glisser la reconnaissance au fond de sa poche referma le second coffret, le réintégra sur la crédence, remit la chaise à sa place habituelle, rouvrit la porte, sortit et regagna sa chambre, ne laissant derrière elle aucune trace de son passage.

Dans l'escalier elle rencontra Marthe qui remontait.

— Avez-vous fait une bonne promenade, chère mignonne ? — lui demanda-t-elle en souriant.

— Une promenade très agréable... — répondit l'orpheline. — Je suis enchantée d'être sortie et je n'ai regretté que votre absence...

— Vous êtes gentille comme un petit cœur.

Marthe continua son chemin.

Angèle descendit.

Jacques et Pascal étaient encore dans le vestibule.

Elle les rejoignit.

— Eh bien ? — demanda vivement Pascal.

— Montez, — répondit-t-elle à voix basse, — avant deux minutes, j'irai vous retrouver dans le cabinet des consultations.

Elle feignit d'aller donner des ordres, tandis que les deux hommes se conformaient à sa recommandation.

Un instant après, la forte femme franchissait le seuil du cabinet.

— Eh bien ? — fit Jacques à son tour.

— Mes enfants, — répondit Angèle en s'asseyant, — figurez-vous que je vais vous apprendre une chose épatante ! Attendez-vous donc à être surpris.

— Nous ne serions surpris que si vous aviez fait buisson creux, ma chère cousine ! — répliqua Jacques. — J'ajouterai que la surprise serait désagréable. Avez-vous trouvé la médaille?

— Oui, et non...

— Comment ?

— Je n'ai pas trouvé la médaille, mais c'est comme si je l'avais trouvée...

— Que signifie ce logogriphe ?

— Il signifie, — et voilà justement la chose épatante, — que la petite a mis l'objet au clou...

— Qu'est-ce que tu nous chantes-là ? — demanda Pascal.

— Je ne vous chante rien et je vous dis l'exacte vérité...

— Marthe a mis sa médaille au Mont-de-Piété ?...

— Parfaitement bien !

— Mais pourquoi ?

— Comment voulez-vous que je le sache ?... — De crainte des voleurs peut-être... Dans tous les cas la chose est certaine car voici la reconnaissance...

Angèle tira de sa poche le papier jaune et le tendit à Jacques qui le déplia d'une main fiévreuse et qui lut l'indication reproduite par nous un peu plus haut.

— C'est ma foi vrai !... — fit-il ensuite. — C'est bien la médaille...

— Et — demanda Pascal — elle est chez *ma tante* à Paris ?...

Le pseudo-Thompson jeta un coup d'œil sur l'entête de l'imprimé et répliqua :

— A Paris, non, mais à Joigny...

— A Joigny !... — répéta Pascal. — Alors, ça s'explique... — Marthe aura fait argent de tout pendant la maladie de sa mère... — Comment ne nous a-t-elle point parlé de cela quand nous avons liquidé la situation au moment du départ ?

— Je l'ignore... — répliqua Jacques ; — mais que nous importe ? — Nous sommes certains d'avoir la médaille... c'est tout ce qu'il nous faut... — Demain tu iras à Joigny la retirer...

— Combien le Mont-de-Piété a-t-il prêté ?

— Cent trente-sept francs cinquante centimes...

— Attention !... il se présente une difficulté...

— Laquelle ?

— Marthe a mis, sans le moindre doute, une foule de petits objets au clou, avant d'y mettre sa médaille...

— C'est plus que probable...

— Elle a par conséquent reçu plusieurs reconnaissances...

— Eh bien ?

— Puisqu'il ne lui en reste qu'une, c'est qu'elle a vendu les autres...

— De cela que prétends-tu conclure ?...

— Que pour les vendre il a fallu les signer, que par conséquent sa signature est connue au Mont-de-Piété de Joigny... — Or, pour dégager la médaille il faut la signature de Marthe au dos de cette reconnaissance...

— Cela ne peut t'embarrasser... Tu signeras pour elle... — En manière d'imitation d'écritures, tes preuves ne sont plus à faire...

— Pour imiter, il faut un modèle ; je n'en ai pas, et sa signature m'est inconnue...

— Elle m'a fait remettre un jour, pendant la consultation, un billet de deux lignes qu'elle a signé: *Marthe Grandchamp*... — J'ai gardé ce billet, je te le donnerai dans un instant...

— Alors, tout ira bien... — Maintenant raisonnons un peu... — Marthe pourrait s'apercevoir que cette reconnaissance lui a été prise... Il faut aviser à cela...

— Le danger n'est pas grand... — dit Angèle. — La reconnaissance ne se trouvait point dans le coffre à bijoux, comme vous vous le figuriez à tort, mais dans un autre coffret juché tout en haut d'une crédence... — il m'a fallu pour l'atteindre grimper sur une chaise. — Ceci joint à la couche de poussière qui couvrait l'objet me paraît démontrer que Marthe n'y touche pas souvent. — Avant que l'idée d'y regarder ne lui vienne à l'esprit vous aurez terminé la besogne.

— Il faut compter avec le hasard, — répliqua l'ex-secrétaire du comte de Thonnerieux, — souvent il suffit qu'une chose semble impossible pour qu'elle arrive.

— En supposant qu'elle ouvre le coffret, — reprit Angèle, — elle peut croire qu'elle a égaré la reconnaissance.

— Ces choses-là ne s'égarent pas!! — Enfin ayons d'abord la médaille, ensuite nous aviserons...
— L'essentiel est que Marthe ne puisse jamais deviner ni même soupçonner que nous sommes les voleurs de la reconnaissance! — Tu comprends, Jacques, ce que je veux dire! — Hâte-toi donc de prendre un parti.

— Je te promets de le prendre...

— N'oublie pas que j'ai le droit d'y compter! — Nous sommes solidaires. Ce qui menace l'un de nous, menace également l'autre. — Souviens-toi de cela!...

— Je m'en souviens...

— Quant à Fabien de Chatelux, que décides-tu?

— Nous en causerons à ton retour de Joigny. — Quand comptes-tu partir ?

— Demain, par le premier train du matin, et je serai probablement de retour le soir. — Donne-moi le billet dont tu as parlé tout à l'heure... — J'ai besoin d'étudier la signature de Marthe Grandchamp.

Le pseudo-Thompson tira de sa poche une clef, ouvrit un tiroir de son bureau et tendit à Pascal le billet en question.

— Voici... — dit-il. — Sois habile, comme toujours...

— Je ferai de mon mieux, tu peux y compter — répondit Pascal ; puis il ajouta : — As-tu jeté un coup d'œil sur les journaux de ce matin?...

— Je n'ai pas eu le temps puisque nous sommes sortis...

— Nous allons, si tu veux, les parcourir ensemble...

— Parfaitement...

— Dans notre situation on doit toujours se préoccuper des bavardages des reporters... — reprit l'ex-secrétaire du comte de Thonnerieux. — Il est bon de savoir ce qu'on fait à la préfecture, et les indiscrétions du reportage à outrance sont souvent très utiles...

— A la police ?... — demanda Jacques en riant.

— Non, mais à ceux qu'elle inquiète... — répondit son complice en riant aussi.

XXIX

En disant ce qui précède, Pascal coupait les bandes d'un grand nombre de feuilles quotidiennes placées par le valet de chambre sur le bureau du docteur.

Faisant, ou plutôt faisant faire pour son compte énormément de réclame, le pseudo-Thompson recevait beaucoup de journaux.

Il y en avait de toutes les opinions et de tous les formats.

Jacques et Pascal les déplièrent au hasard.

Le premier qui tomba sous la main de Jacques était une petite feuille très répandue et de nuance ultra-colorée, dont les rédacteurs se donnaient assez souvent le plaisir de tirer des pétards imprévus.

— Ah! ah! — fit le docteur après avoir jeté les yeux sur cette feuille.

— Qu'y a-t-il? — demanda Pascal.
— Un article à sensation... — répliqua Jacques.

En tête de la première page s'étalaient, avec les dispositions typographiques reproduites par nous, les lignes que voici :

PRÉFECTURE DE POLICE

« Très prochainement nous offrirons à nos lecteurs la primeur de révélations infiniment curieuses sur la

PRÉFECTURE DE POLICE

» En attendant nous leur ferons connaître dès aujourd'hui les choses prodigieuses, stupéfiantes, abracadabrantes, qui se passent en ce moment à Paris et au sujet desquelles la

PRÉFECTURE DE POLICE

garde le silence le plus absolu, quoique la vie de tous les citoyens se trouve quotidiennement en péril.

» Cette institution, que l'Europe ne nous envie pas, la

PRÉFECTURE DE POLICE

a trouvé bon et utile, sage et prudent de tenir

secrets, d'entourer d'un profond mystère les crimes commis depuis plus d'un mois dans Paris.

» Nous nous garderons d'imiter la discrétion de la

PRÉFECTURE DE POLICE

et nous dirons bien haut, sans la moindre crainte d'être démentis, qu'une bande d'assassins décime la capitale et, dans un but encore inconnu, frappe ses victimes d'une façon étrange, effrayante et toujours la même.

» Nous sommes en mesure d'affirmer, n'en déplaise à la

PRÉFECTURE DE POLICE

qu'il y a environ un mois le cadavre d'un homme assassiné a été retiré de la Seine, et qu'aucune enquête n'a été faite, aucune note communiquée aux représentants de la presse au sujet de cet assassinat, — L'homme se nommait Antoine Fauvel.

» Nous affirmons en outre et non moins catégoriquement que, huit jours après, les corps d'un jeune homme et d'une jeune femme assassinés par le même procédé étaient trouvés dans le Bois de Boulogne, et la

PRÉFECTURE DE POLICE

s'abstenait également de toute enquête et de toute

4.

communication ; les deux jeunes gens se nommaient Amédée Duvernay et la belle Virginie.

» Nous affirmons enfin que cinq ou six jours après ce double crime on relevait sur les rails du chemin de fer de Paris à Orléans le cadavre mutilé d'un adolescent ; mais ce simulacre d'accident cachait un nouvel attentat. — Les meurtriers, toujours les mêmes, avaient égorgé leur quatrième victime comme les trois premières, agissant chaque fois d'une manière identique. — L'adolescent se nommait René Labarre.

» Pourquoi la

PRÉFECTURE DE POLICE

enveloppe-t-elle à dessein d'obscurité ces crimes monstrueux ?

» Pourquoi le ministre de la justice et le procureur de la République semblent-ils les ignorer ?

» La direction de la

PRÉFECTURE DE POLICE

qui dispose d'un gros budget et d'une armée d'agents, est-elle confiée à des incapables qui ne savent pas découvrir les coupables, ou à des trembleurs qui ne veulent pas les connaître ?

» Tout cela est très grave, mais si la

PRÉFECTURE DE POLICE
ne fait point son enquête, nous faisons la nôtre, et quand elle sera terminée nous considérerons comme un devoir d'en communiquer au public le résultat.

» Avis au ministre de la justice !
» Avis au procureur de la République !
» Avis au préfet de police ! »

En parcourant d'un coup d'œil rapide les lignes que nous venons de reproduire, Jacques Lagarde était devenu un peu pâle.

Pascal reprit avec impatience :

— Voilà un *article à sensation*, comme tu dis, qui paraît t'émouvoir vivement. — Qu'est-ce que c'est que cet article ?

— Lis et juge...

Le pseudo-Thompson passa le journal à son complice, qui lut à son tour et qui, à son tour, pâlit en fronçant le sourcil.

— Diable ! — fit-il ensuite. — Ceci devient grave ! — Nous avions raison de croire que la police épouvantée prenait ses mesures pour entourer de ténèbres des faits qu'elle ne pouvait ni éclaircir, ni éclairer... — Tu en avais eu la preuve d'ailleurs chez la veuve de l'avocat Labarre, quand on a recommandé le silence à tout le monde au sujet des vraies causes de la mort de René Labarre... — Malheureusement le pétard tiré par ce journal va contraindre le ministre à s'inquiéter de ce qu'il y a de vrai dans cet article, et les recherches seront conduites avec une vigueur inconnue jusqu'à ce jour.

— Certes, — répondit Jacques, — il y aura scandale et tapage... — Cette note sous les yeux, le ministre va tancer d'importance le préfet de police, le procureur de la République, le chef de la Sûreté et toute la séquelle policière... — Un député quelconque, ennemi du préfet actuel — (et ses ennemis sont nombreux) — peut porter la chose à la tribune et en faire l'objet d'une interpellation...

— Oui... oui.. tout est possible...

— Où le journal a-t-il pris ces renseignements ? — D'où lui viennent ces révélations ?

— Peu nous importe... — il faut jouer serré... — La disparition de Fabien de Chatelux ne tardera pas à être connue... et alors quel vacarme !...

— Assourdissant, mais inoffensif... j'ai lancé les limiers sur une fausse piste. — Redoublons de précautions, voilà tout...

— Jacques se sentait — ou tout au moins croyait se sentir sûr de lui-même.

L'impression de terreur instinctive qu'il venait d'éprouver en lisant l'article s'était dissipée bien vite.

A la préfecture de police comme à l'hôtel de la

rue de Miromesnil, il avait été lu, cet article, et le préfet s'était empressé de faire appeler le chef de la Sûreté.

Tous deux étaient très émus, très intrigués et très irrités.

D'où venait le coup ?

Par qui les révélations étaient-elles faites ?

Existait-il donc, soit au parquet, soit à la préfecture, quelqu'un capable de trahir le secret professionnel, par haine, ou par cupidité ?

— On nous attaque... — dit le préfet — il faut absolument répondre... Mais quoi ?

— Me permettez-vous d'émettre un avis ? — demanda le chef.

— Je vous le permets et je vous en prie.

— Eh bien ! il faut, selon moi, le prendre de très haut et répondre que les êtres incapables et malfaisants sont les gens qui livrent au public un secret dont ils n'ont pas le droit de disposer, puisqu'il l'ont surpris ou volé ! — Ce secret, la préfecture le gardait pour faciliter des recherches au moment d'aboutir, mais compromises peut-être par des révélations intempestives et prématurées... — Quant au journal, rien de plus facile que de le prendre en flagrant délit d'imposture... — Il affirme qu'aucune enquête n'a été faite au sujet du quadruple crime... — Si c'est indispensable pour démentir cette assertion, on communiquera les procès-verbaux à la presse...

— Grave question! — répliqua le préfet, — question pleine de périls!... — La véritable, la seule bonne réponse à faire aux ennemis qui nous attaquent, serait la découverte des assassins... — Cette réponse serait sans réplique!... — Allez donc et redoublez de zèle!...

Le chef de la Sûreté se retira.

Resté seul, le préfet se trouva en proie à de vives inquiétudes.

A chaque instant il attendait un message l'appelant chez le ministre de la justice, qui lui demanderait des explications.

Le ministre ne savait rien encore; mais sans doute on ne tarderait point à mettre sous ses yeux l'article tapageur paru le matin même.

En revenant après *le conseil* il entra dans son cabinet, où son secrétaire particulier l'attendait pour présenter diverses pièces à sa signature.

Sur le bureau se trouvaient plusieurs dossiers.

L'un d'eux portait l'estampille de la préfecture de police.

— Qu'est-ce que ce dossier ? — demanda le garde des sceaux?

— C'est celui de l'agent Raymond Fromental, dont vous avez signé hier la grâce pleine et entière, monsieur le ministre... — répondit le secrétaire, — Mention doit en être faite au dossier.

— Cette grâce a-t-elle été envoyée à la préfecture ?...

— Ce matin même, par mes soins. — Le pauvre père doit, à l'heure qu'il est, en avoir reçu notification et se trouver bien heureux car son désir le plus ardent est enfin exaucé...

— Plus d'une fois j'avais entendu parler de ce Fromental... — On me l'a toujours donné pour un homme d'une haute intelligence et d'une nature loyale malgré le crime commis autrefois... — Ce crime, il l'a expié... il a de plus rendu de grands services à la Sûreté... — Son départ va priver la préfecture d'un agent habile et dévoué, mais lui faire grâce n'était que justice... — Avez-vous prévenu par un mot la comtesse de Chatelux de la décision prise à l'égard de son protégé ?

— Je vais le faire aujourd'hui même.

En ce moment, un huissier frappa discrètement à la porte du cabinet ministériel.

Le secrétaire donna l'ordre d'entrer et demanda :
— Qu'y a-t-il ?

L'huissier tenait une carte de visite sur un plateau d'argent.

— Monsieur, — répondit-il, — c'est une dame qui sollicite une audience de M. le ministre...

— A-t-elle une lettre d'audience ?

— Non, monsieur... elle est éplorée... toute en larmes... Elle affirme qu'elle a l'honneur d'être connue de monsieur le ministre... Voici sa carte.

Le secrétaire particulier prit le carré de carton-porcelaine, y jeta un coup d'œil et poussa une exclamation de surprise.

— La comtesse de Chatelux ! ! — s'écria-t-il ensuite.

— La comtesse de Chatelux ! ! — répéta le ministre.

— Éplorée !... tout en larmes ! ! — reprit le secrétaire.

— Voyez donc, et introduisez-la...

Le secrétaire courut jusqu'à l'antichambre.

— Vous ! vous, madame ! ! — dit-il à la comtesse qui sanglotait — et vous semblez au désespoir ! ! — que se passe-t-il donc ? — Entrez bien vite, je vous en prie, monsieur le ministre vous attend...

Et il offrit son bras à la visiteuse pour l'introduire.

Madame de Chatelux était hors d'état de parler.

Une émotion indescriptible la suffoquait.

C'est à grand'peine qu'elle aurait pu marcher si elle n'avait eu un bras pour la soutenir.

Le ministre se leva au moment de son entrée et fit quelques pas à sa rencontre.

L'effrayante altération des traits de la pauvre femme, à qui le secrétaire avança un fauteuil, l'expression profondément douloureuse de son visage, le frappèrent vivement.

— A quel motif dois-je attribuer l'honneur de votre visite, madame la comtesse ? — demanda-t-il.

— Je crains que ce motif ne soit triste, car vos larmes coulent... Je serais heureux s'il m'était donné de les sécher...

Par un violent effort madame de Chatelux parvint à faire jaillir sa voix de son gosier serré.

— Monsieur le ministre, — balbutia-t-elle en sanglotant et en joignant les mains. — Je viens vous demander justice... Je viens vous demander vengeance.

— Justice !... Vengeance !... Contre qui ?

— Contre les misérables qui m'ont pris mon enfant... qui m'ont tué mon fils...

— Votre fils, madame !... — s'écria le secrétaire. — On a tué Fabien ?...

— Il est assassiné, puisqu'il a disparu...

— Mais c'est impossible ! — dit le ministre. — Qui donc l'aurait fait disparaître ?... Qui donc l'aurait assassiné ?...

— Qui, monsieur le ministre ? — répliqua madame de Chatelux dont la colère rendait la voix plus distincte et dont les yeux lançaient un feu sombre. —

Qui? Vous me demandez qui?... — Ces bandits mystérieux sans doute qui désolent en ce moment Paris et qui viennent en quelques jours de faire quatre victimes... — Mon fils a été frappé par eux, monsieur...
— Je le devine, j'en suis sûre, et je sens que je deviens folle !... Je suivrai mon enfant dans la tombe, monsieur, car, lui parti, il ne reste rien ici-bas qui puisse me rattacher à la vie... Mais avant de mourir je veux que son corps me soit rendu, que justice soit faite, que sa mort soit vengée...

Madame de Chatelux se tordait les mains de désespoir, et maintenant les sanglots l'étouffaient.

Le ministre et le secrétaire échangèrent un regard.

Ce regard disait de la façon la plus claire :

— La pauvre femme parle de devenir folle ! — Elle l'est, d'ores et déjà, aussi complètement qu'on le puisse être !

Madame de Chatelux se dressa d'un mouvement brusque.

— Mais vous ne m'avez donc pas comprise ? — reprit-elle haletante, les mains crispées. — Je vous ai dit qu'on avait tué mon fils ! Je vous ai dit que je voulais son cadavre pour moi, et l'échafaud pour ses assassins, et vous restez là tous les deux, immobiles, sans donner d'ordres !... — Vous êtes le représentant de la loi, monsieur le ministre... Vous êtes le plus haut magistrat de France, c'est pour cela que je m'adresse à vous ! — Agissez, je vous en conjure au nom du Dieu de justice ! Agissez sans retard, sinon je croirais ceux qui disent que la protection des habitants de Paris est confiée à des mains incapables, et que ne sachant pas trouver les coupables, on garde secrets les crimes !...

— Madame... madame... — s'écria le ministre — songez-vous bien à ce que dites !... La douleur vous égare !...

— Rendez-moi mon enfant...

— Rien ne prouve qu'il soit mort.

— Rendez-le-moi vivant, et je n'aurai pas assez de tout le reste de ma vie pour vous bénir...

— On fera des recherches... une enquête immédiate va être ordonnée...

Madame de Chatelux haussa les épaules.

— Des recherches !... Une enquête !... — répéta-t-elle — comme on en a fait, n'est-ce pas, pour Fauvel, pour Amédée Duvernay, pour la belle Virginie et pour René Labarre...

XXX

— Mais c'est de la démence!... — murmura le secrétaire, épouvanté de ce qu'il prenait pour des divagations.

— De la démence !... — répéta madame de Chatelux avec indignation. — Ainsi vous me croyez en délire, vous me traitez de folle, moi la mère au désespoir qui viens vous demander son enfant disparu, son fils assassiné sans doute... — Me taxez-vous de folie parce que je vous accuse tous de tenir secrets les crimes qui désolent Paris !... — Eh ! bien, prouvez-moi que je m'abuse... Prouvez-moi que je suis vraiment folle... Répondez à ceci !!

Et la comtesse, tirant de sa poche un journal qu'elle déplia d'une main frémissante, le mit sous les yeux du ministre stupéfait.

— Qu'est-ce que cela ?... — demanda-t-il.

— Cela ! — répondit madame de Chatelux, — c'est une accusation terrible... une accusation flétrissante pour les gens haut placés qu'elle vise !! — Lisez, et dites-moi que ceux qui ont écrit cela ont menti !... alors, et seulement alors, je pourrai prendre pour un fait isolé la disparition de mon fils, et penser que je me suis peut-être alarmée trop vite...

Le ministre jeta les yeux sur le journal apporté par la comtesse...

A peine en avait-il parcouru quelques lignes qu'il tressaillit et devint très pâle.

Ce fut avec une terreur grandissante qu'il lut jusqu'au bout l'article précédemment reproduit par nous.

— C'est impossible !... impossible ! — s'écria-t-il ensuite d'une voix altérée. — Des magistrats n'ont pu manquer ainsi à tous leurs devoirs !... Ce serait trop grave ! C'est impossible !

— Cela est cependant écrit...

— La calomnie ne prouve rien, sinon la haine de ceux qui s'en servent... — Ces gens, ennemis de tout pouvoir, essayent de déshonorer l'administration en l'insultant... Ils n'y parviendront pas !

— On nomme les victimes !... On cite des faits que vous ignorez...

— Jusqu'à preuve du contraire, je soutiens qu'ils sont faux !...

Le secrétaire avait pris le journal et, à son tour, il venait de lire l'article.

— Il faut poursuivre cette feuille venimeuse ! — dit-il après avoir achevé sa lecture. — C'est pis qu'un scandale, c'est un crime, de porter ainsi le trouble dans toutes les familles parisiennes !...

— Enfin, messieurs, suis-je folle ? — demanda madame de Chatelux. — N'ai-je pas le droit, en présence de pareilles affirmations, de croire que mon fils a été attiré dans un guet-apens, quand pour la première fois de sa vie il a passé la nuit hors de mon hôtel.

— Eh ! madame la comtesse, les jeunes gens...

— Soit... Je vous comprends, monsieur le ministre... Mais en admettant que Fabien ait subi quelque entraînement, il serait rentré ce matin... Rien au monde, rien, j'en suis certaine, n'aurait pu lui faire oublier qu'en ne rentrant pas il me plongerait dans une angoisse mortelle...

— Certes, madame, vos appréhensions et vos terreurs ne me semblent que trop légitimes, mais permettez-moi de croire encore qu'elles sont exagérées. — Je vous le répète, nous avons dans une certaine presse des ennemis qui trouvent juste et naturel d'employer contre nous toutes les armes, même les plus viles.

« N'accordez, madame, aucune créance aux allégations de cet article...

— Les croyez-vous donc mensongères ?

— Je crois, du moins, à un prodigieux grossissement de certains faits...

— Au nom de mon fils que je pleure en ce moment comme s'il était mort, je vous conjure de vous assurer de ce qu'il y a de vrai dans tout cela !...

— Je dois et je vais le faire, madame... — Si le journal n'a point menti, je serai sévère pour ceux qui m'ont caché ce qui se passait ; — si au contraire nous sommes en présence d'une manœuvre odieuse, des poursuites immédiates seront ordonnées... — La presse est libre, je le sais... libre de tout dire, mais non de calomnier !...

Le ministre frappa sur un timbre et jeta ces mots à l'huissier qui se présenta.

— Ma voiture à l'instant !

— Que veut faire Votre Excellence ? — demanda vivement le secrétaire.

— Eviter toute perte de temps et aller droit au préfet de police, — répondit le ministre. — Faites-moi l'honneur de m'accompagner, madame, et avant peu nous saurons l'un et l'autre à quoi nous en tenir sur les bruits sinistres qui ont causé un si grand émoi.

L'huissier vint annoncer que la voiture de Son Excellence attendait, et le ministre, offrant son bras à madame de Chatelux, sortit avec elle de son cabinet, la fit monter dans le coupé qui stationnait au bas des marches du perron, et s'installa près d'elle, après avoir dit au cocher :

— A la préfecture de police.

La voiture partit.

Nous avons laissé le préfet singulièrement étourdi par le rude coup que le journal de nuance écarlate venait de lui porter en pleine poitrine.

Pendant quelques instants il resta plongé dans les réflexions les plus sombres.

L'idée d'offrir sa démission lui traversa même vaguement l'esprit, mais personne n'ignore que les velléités de démission sont généralement de courte durée.

Le haut fonctionnaire ne s'obstina point.

Bientôt il releva la tête, passa la main sur son front chargé de nuages et sonna son secrétaire en se disant :

— Je saurai tenir tête à l'orage... il ne faut jamais se laisser abattre.

Le secrétaire entra.

— Monsieur le préfet a des ordres à me donner ? — fit-il.

— Oui... — Expédions vivement les affaires courantes...

— Voici des pièces à signer...

Le préfet donna les signatures requises, puis,

voyant un papier à la main de son secrétaire, demanda :

— Qu'est-ce que cela ?

— Monsieur le préfet, c'est une grâce envoyée hier au soir du ministère de la justice, accompagnée d'une note émanant du cabinet du garde des sceaux et demandant que cette grâce soit remise sans aucun retard à celui qu'elle intéresse...

— Quel est-il ?

— Un agent de la sûreté condamné à vingt ans de réclusion et depuis dix ans au service de la préfecture dans des conditions particulières...

— S'agit-il de Raymond Fromental ?

— Oui, monsieur le préfet... — On a fait réclamer il y a quelques jours du ministère le dossier de cet homme et des renseignements sur sa moralité, sur sa conduite... — Les notes envoyées ont été absolument favorables...

— Et maintenant sa grâce est complète ? Sans restriction ?... — On lui fait remise du temps qu'il nous devait encore ?...

— Oui, monsieur le préfet... — Il peut, s'il veut, cesser dès aujourd'hui son service... il l'aurait pu dès hier soir, la signature étant d'hier.

— Libre !... absolument libre ! — murmura le haut fonctionnaire en se levant et en se promenant avec agitation dans son cabinet ; — il va nous quitter juste au moment où, plus que jamais, j'ai besoin de ses services ! — En vérité, le moment est bien choisi pour nous priver du plus intelligent, du plus actif, du plus consciencieux de nos sous-ordres !... — Moi qui mettais mon espoir en lui, le croyant seul capable de débrouiller l'effroyable et mystérieuse affaire des assassinats scientifiques !... Et on me l'enlève ! — C'est absurde, c'est impossible ! Cela ne sera pas !

Le préfet parlait assez haut pour être entendu de son secrétaire.

— La grâce est signée, — dit celui-ci.

— Eh bien ! qu'importe ?

— On ne peut revenir sur une décision de ce genre...

— On peut tout, puisque cette décision n'a pas encore été notifiée à l'intéressé. Rien n'empêche d'attendre pour le prévenir, et des formalités à remplir expliqueraient au besoin et justifieraient le retard...

— Monsieur le préfet, la note du cabinet du garde des sceaux était précise... j'ai exécuté les ordres du ministre en écrivant à Raymond Fromental...

— Vous lui avez écrit ! !

— Je le devais.

— Que lui avez-vous dit ?

— Que vous l'invitiez à se présenter à la préfecture pour y recevoir ses lettres de grâce pleine et entière...

— Donc il sait que cette grâce est signée ?
— Il le sait.

Le préfet se laissa tomber accablé sur un siège.

— C'est bien... — dit-il. — Vous avez fait votre devoir... — Je joue de malheur, voilà tout ! — Laissez-moi, et dès que Raymond Fromental se présentera, accompagnez-le ici et apportez les lettres de grâce...

Le secrétaire se retira.

A peine venait-il de rentrer dans son cabinet, attenant à celui dont il sortait, qu'on vint lui dire :

— Monsieur, c'est un agent de la Sûreté qui demande à vous voir... il est porteur d'une lettre de convocation...

— Cet agent n'est-il pas Raymond Fromental ?
— Oui, monsieur...
— Est-il seul ?
— Non, monsieur, un jeune homme l'accompagne... Un jeune homme qui lui ressemble et qui doit être son fils.

— Son fils, — répéta le secrétaire, puis il ajouta:
— Faites entrer...

Le garçon de bureau fit un signe au dehors.

Raymond franchit le seuil avec Paul.

Tous deux étaient rayonnants.

— Ai-je besoin de vous dire, monsieur, combien votre lettre m'a rendu heureux? — dit Raymond. — Une part de ma gratitude va tout naturellement à vous, puisque c'est par votre lettre que m'a été annoncée la bonne nouvelle, la grande nouvelle!! — Ainsi donc je suis libre!... tout à fait libre! — Je redeviens un homme comme un autre!! — Cela me paraît si beau que j'ose à peine y croire!... et cependant c'est vrai!... C'est bien vrai!! — Je me suis permis d'amener mon fils afin qu'il puisse, ainsi que moi, témoigner sa reconnaissance à vous, monsieur, et à monsieur le préfet...

— Monsieur Fromental, — dit le secrétaire avec une contrainte involontaire, — le préfet vous attend en effet... — il désire vous entretenir un instant au sujet de votre grâce... — Je vais vous introduire; venez...

— Mon fils ne peut-il m'accompagner?

— Je crois préférable qu'il reste ici... — Votre absence, d'ailleurs, sera courte... Suivez-moi, je vous prie...

Et le secrétaire, prenant sur son bureau une feuille de papier pliée en quatre, fit entrer Raymond et entra avec lui dans le cabinet dont la porte se referma derrière eux.

Paul resta seul, agité, vaguement inquiet.

Quelque chose de semblable à une douche d'eau froide venait de tomber sur sa joie.

Les paroles du secrétaire à Fromental : — *Le préfet désire vous entretenir au sujet de votre grâce...* — et surtout le ton avec lequel ces paroles avaient été prononcées lui causaient un malaise indéfinissable.

Il redoutait un contre-ordre. — Tout au moins un retard.

Dominé par cette préoccupation, il s'assit sur un siège placé tout près de la porte de communication.

De là il espérait surprendre quelques-unes des paroles dites à son père par le préfet.

A l'entrée des deux hommes le haut fonctionnaire qui écrivait, penché sur son bureau, releva la tête et prit la feuille, pliée en quatre, que son secrétaire lui présentait.

Il la déplia et la lut d'un bout à l'autre avec une extrême attention, paraissant étudier chaque phrase et chaque mot.

Rien ne se pouvait imaginer de plus net et de plus explicite.

La lettre de grâce donnait à Raymond le droit de quitter immédiatement son service à la préfecture.

Le préfet fronça le sourcil.

D'après les termes employés, aucune hésitation, aucun retard n'étaient admissibles.

— Fromental, — dit-il à Raymond, — vous avez sollicité votre grâce pleine et entière...

— Oui, monsieur le préfet.

— Pourquoi ? — Votre position ici était honorable, bien rétribuée... Vous étiez estimé de vos chefs et aimé de vos camarades...

— Tout cela est vrai, monsieur le préfet, mais la vieillesse arrive pour moi, et j'ai besoin d'être sans cesse auprès de mon fils chez qui une croissance trop rapide et un travail intellectuel trop soutenu ont développé une anémie très inquiétante et demandant des soins constants et minutieux... — La liberté que je sollicitais aura pour résultat, je l'espère, de me permettre de rendre la santé à mon enfant...

— Le but assurément était louable... — On vous a tenu compte de votre tendresse paternelle... — Les bonnes notes méritées par vous ont de plus plaidé en votre faveur... — Votre grâce est signée... — Vous êtes libre.

— Oh! monsieur — s'écria Raymond tellement ému que ses larmes jaillirent malgré lui, — combien je dois de reconnaissance à vous et à tous ceux qui m'ont couvert de leur puissante protection... je suis impuissant à l'exprimer... je le voudrais... je ne peux pas... les paroles me manquent...

Les sanglots étouffaient le pauvre père ; il lui était véritablement impossible de trouver une seule phrase pour rendre sa pensée où la gratitude débordait.

— Vous devez en effet de la reconnaissance à l'administration qui vous a soutenu... — reprit le préfet. — Vous lui aviez d'ailleurs rendu de signalés services... Mais, je dois vous adresser un reproche...

— Un reproche, à moi, monsieur le préfet ? — murmura Fromental avec anxiété!... — De quelle nature, et comment ai-je pu le mériter?..

— Ne vous en doutez-vous pas un peu ?

— Non, je vous le jure !

— Je vais donc vous l'apprendre, puisque vous paraissez ne pas le savoir, ce qui m'étonne, étant donnée votre intelligence! — Vous êtes en ce moment chargé d'une mission sérieuse.

— C'est vrai, monsieur le préfet.

— Vous aviez été choisi entre tous pour suivre et mener à bien cet enchaînement de mystérieuses affaires qui nous préoccupe à tel point que nous avions résolu de garder le silence jusqu'au jour du succès vis-à-vis des grands chefs et de la presse.

— Vous n'ignorez point cela ?

— Non, monsieur le préfet...

— Eh bien, que penseriez-vous d'un soldat demandant son congé la veille de la bataille ? d'un agent sollicitant sa mise à la retraite au moment du danger ?... — En vérité, Fromental, vous avez étrangement mal choisi votre heure pour nous quitter! — Dans les conditions toutes spéciales qui se présentent aujourd'hui, ce n'est pas un départ, c'est une défection!! presque une trahison!!

XXXI

Raymond sentit un trouble profond s'emparer de lui.

La liberté si ardemment souhaitée, si longuement attendue, allait-elle donc lui échapper encore ?

La fatalité s'acharnait-elle sur lui au point de le forcer à continuer, malgré sa grâce obtenue, un métier qui lui faisait horreur ?

— Mais, monsieur, — balbutia-t-il, secoué par un tremblement nerveux, — je ne suis pas le seul de vos sous-ordres sur qui vous ayez le droit de compter... — D'autres me valent comme zèle et intelligence, si même ils ne valent pas mieux que moi ! — Ceux-là ne pourraient-ils continuer et mener à bien les recherches que j'ai commencées ?... Vous m'avez parlé tout à l'heure d'un soldat désertant son poste au moment du danger... — Permettez-moi de vous répondre que ceci ne peut s'appliquer à moi, puisque dans le cas présent le danger n'existe pas...

— Il est d'une autre nature, sans doute, mais il existe ! — répliqua le haut fonctionnaire. — Un journal livre ce matin à tout Paris, et en quels termes ! le secret que, pour de bonnes raisons, nous voulions garder encore !... — Je m'attends à la colère du ministre... Je redoute une interpellation à la Chambre... — Une seule chose, la découverte des coupables, pouvait sauver la situation, car le succès justifie tout !... — Nous comptions sur vous pour obtenir ce succès, pour éviter le péril qui nous menace, et vous nous abandonnez !... N'ai-je pas le droit de dire qu'en agissant ainsi vous désertez votre poste de combat ?

— N'ai-je pas assez prouvé mon dévouement ?... mon courage ?...

— C'est aujourd'hui qu'il faudrait les prouver une dernière fois !...

— Monsieur le préfet, pendant dix années, j'ai souffert...

— Qu'est-ce que quelques jours de plus ?...

Raymond allait encore essayer de répondre.

Il n'en eut pas le temps.

La porte du cabinet du préfet de police s'ouvrit brusquement et le ministre de la justice parut sur le seuil, les sourcils froncés, les regards sombres, les lèvres blanches.

A sa vue le préfet se leva, très pâle.

— Je l'avais prévu !! — pensa-t-il, en s'inclinant bien bas pour cacher son émoi.

Le secrétaire s'empressa de sortir avec Fromental et referma la porte derrière eux.

— Monsieur le préfet, — dit le ministre d'un ton glacé, — votre trouble et votre pâleur me prouvent que si ma visite vous effraye elle ne vous étonne pas !... — Vous en connaissez le motif... — En lisant tout à l'heure le journal qui vous attaque et que voilà tout ouvert sur votre bureau, je n'ai pas eu la patience de vous faire demander et d'attendre que vous vous soyez rendu à mon appel !... Je suis venu...

Le haut fonctionnaire courba la tête.

— Ce journal a-t-il menti ? — reprit le garde des sceaux. — Dois-je donner l'ordre au parquet de commencer aujourd'hui même des poursuites contre lui ?

Le préfet ne répondit pas.

— Ainsi, le journal n'a point menti !... — poursuivit le ministre. — Il y a eu quatre victimes ?... quatre personnes ont été assassinées et aucune enquête n'a été faite, aucun rapport ne m'a été adressé... Je n'ai rien su, moi qui devais être le premier à savoir !

» Impuissant à découvrir les coupables, ayant peur d'un blâme sévère, craignant une destitution, vous avez organisé la conspiration du silence autour de ces attentats monstrueux dont votre incurie vous rend complice.

» A l'heure qu'il est, tout Paris sait qu'une bande d'assassins tue et pille sans être inquiétée ! — La grande ville devient un coupe-gorge ! un repaire de bandits ! — Et nous avons un préfet de police, un chef de Sûreté, une brigade d'agents ! et tout cela payé avec l'argent des contribuables qu'ils laissent égorger ! — C'est inouï, monsieur ! c'est monstrueux !...

— Monsieur le ministre, — balbutia le haut fonctionnaire, — il s'en faut de beaucoup que les allégations du journal soient conformes à la vérité... Des enquêtes ont été faites... Des agents ont été chargés de fouiller Paris, et chaque jour, à chaque heure, leurs rapports m'arrivent...

— Que vous apprennent ces rapports ?...

— Rien encore, par malheur !... et c'est pour cela que j'ai cru devoir garder le silence... — j'ai vu un grand danger dans la divulgation des crimes commis et impunis... — j'ai craint d'épouvanter Paris...

— Vous voyez bien, monsieur le préfet, que vous avez eu tort et que votre calcul était faux ! — Les journaux ont appris ce que vous vouliez tenir secret, et ils parlent !... ils parlent d'autant plus haut que vous leur avez fait la partie belle, et que votre mutisme obstiné laisse le champ libre au scandale de leurs dénonciations !... — Ce sont eux aujourd'hui qui sèment l'épouvante en vous montrant impuissant à maintenir la sécurité dans Paris, incapable d'arriver à la découverte et à l'arrestation des assassins ! — Et ils ont raison !... — Oui, vous êtes impuissant, vous êtes incapable et vous êtes aveugle ! — Savez-vous seulement ce qui vient de se passer ? ce qui se passe à cette heure ?

— Monsieur le ministre me permettra-t-il de lui demander à quoi il fait allusion ?

— Donc, vous l'ignorez !... et c'est moi, ministre de la Justice, qui vais vous l'apprendre, à vous préfet de police dont la mission est de me renseigner ! Eh bien ! cette nuit, une nouvelle victime est tombée sans doute sous le couteau des assassins mystérieux, et c'est la mère de cette victime, madame la comtesse de Chatelux, qui est venue ce matin me réclamer son fils disparu !...

— Madame de Chatelux !! — répéta le préfet avec stupeur.

— Oui.., Elle est là, cette mère éplorée, demandant justice et vengeance !! — Si je la met en votre présence, que lui répondrez-vous ?... Que vous ne savez rien, que vous ne pouvez rien, comme toujours !!

— Mon Dieu... mais c'est horrible cela !! — s'écria le haut fonctionnaire désespéré, — encore un crime !

— Encore un crime impuni ! oui, monsieur le préfet ! D'ailleurs ils le sont tous, et les bandits qui les commettent vont braver, plus audacieusement que jamais, une police aveugle et sourde ! — Fiers de l'impunité qui leur est acquise ils vont continuer leur œuvre infâme, et demain nous apprendrons de nouveaux attentats, plus nombreux et plus effrayants que ceux d'hier !

— Je vous jure, monsieur le ministre, que jamais Paris n'a été plus étroitement surveillé qu'il ne l'est en ce moment !

— Surveillance plus apparente que réelle ! Surveillance dérisoire, puisqu'elle ne produit aucun résultat, puisqu'elle n'amène la découverte d'aucune piste !

— Il faut tenir compte, monsieur le ministre, de la nature toute particulière de ces crimes qui déroutent les recherches...

— Qu'entendez-vous par là ?

— J'entends qu'ils sont commis selon moi par un fou, par un maniaque agissant, ou tout au moins paraissant agir sans motifs...

— Expliquez-vous !...

Le préfet de police raconta brièvement de quelle façon, toujours la même, étaient frappées les victimes qu'aucun lien n'unissait entre elles et que l'assassin ne dépouillait point. — Il répéta l'explication donnée à ce sujet au chef de la Sûreté par un savant médecin dont il avait oublié le nom.

Ce médecin, nos lecteurs le savent, était le docteur Thompson.

Le garde des sceaux écoutait, épouvanté.

Quand le récit du préfet fut achevé, il reprit :

— Quel que soit le mobile auquel obéit l'assassin, manie scientifique ou folie pure, il faut que ce monstrueux état de choses ait une fin ! Je vous donne huit jours pour trouver le coupable ou les coupables.
— Si dans huit jours vous n'avez pas mis la main sur eux, apportez-moi votre démission, ce qui m'évitera de vous révoquer...

Le préfet de police devint successivement d'une pâleur mortelle et d'une rougeur apoplectique.

— Je ferai l'impossible, monsieur le ministre, — dit-il, — mais vous venez de supprimer une de mes forces...

— Laquelle ?

— Vous venez de m'enlever celui de mes sous-ordres sur lequel je comptais le plus...

— Parlez-vous de Raymond Fromental ?

— De lui-même. — C'est à lui qu'incombait la plus lourde tâche... — Il était chargé de conduire toutes les recherches, et le chef de la Sûreté avait foi en lui...

— Refuse-t-il donc de vous seconder ?

— Au moment de votre arrivée, monsieur le ministre, je le questionnais à ce sujet et je me heurtais, je dois le dire, à une vive résistance.

— Il est là ?

— Oui, monsieur le ministre.

— Faites-le venir...

Le haut fonctionnaire appuya sur un bouton électrique.

Le secrétaire parut aussitôt.

— Envoyez ici Fromental... — lui dit le préfet.

Raymond entra presque aussitôt, frémissant d'inquiétude, et s'inclina profondément, respectueusement, mais sans exagération d'humilité.

— C'est vous, monsieur, qui vous nommez Fromental et dont la grâce pleine et entière a été signée hier... — lui dit le garde des sceaux.

— Oui, monsieur, — répliqua Raymond, — et je bénis le hasard qui, me plaçant en présence de Votre Excellence, me permet de mettre à ses pieds l'expression de ma reconnaissance infinie et de mon dévouement sans bornes.

— Il dépend de vous de me prouver ce dévouement et cette reconnaissance...

— Comment ?

— Vous étiez chargé de découvrir les auteurs des crimes qui effrayent en ce moment Paris... — La grâce que vous venez d'obtenir vous donne le droit de vous démettre de vos fonctions, d'abandonner votre poste dès aujourd'hui... — Votre intention est-elle d'user de ce droit ?... — Répondez-moi franchement.

— C'est mon intention, monsieur le ministre.

— Eh bien ! écoutez-moi, et peut-être vos idées à ce sujet se modifieront-elles...

Raymond secoua la tête d'un air de doute.

— Voici ce que j'ai à vous dire, monsieur Fromental... — continua le ministre. — Vous êtes père, puisque c'est en vous appuyant sur vos sentiments de tendresse paternelle que vous avez sollicité votre grâce, et c'est ému par la touchante manifestation de cette tendresse que j'ai agréé et fait agréer votre requête... Eh bien, moi, au nom des parents menacés dans leurs enfants par un mystérieux assassin, je viens vous demander un grand sacrifice, le sacrifice pour quelques jours de cette liberté complète à laquelle vous attachez tant de prix !... — Au nom des familles désolées, épouvantées, je fais appel à votre cœur ! — Je vous demande de rester à votre poste de combat jusqu'au jour, prochain sans doute où, grâce à vous, force sera restée à la loi ! — Alors vous nous aurez vraiment payé, et plus que payé votre dette ! — C'est nous qui vous devrons de la reconnaissance. — Me répondrez-vous par un refus, monsieur Fromental ?

Raymond tremblait de tout son corps.

La voix qui venait de lui parler un langage éloquent dans sa simplicité lui causait une émotion profonde.

Comment fermer l'oreille à la requête ainsi présentée ?...

Cependant il était indécis. — La pensée de son fils le rendait hésitant.

Soudain la porte qui mettait en communication le cabinet du préfet avec celui de son secrétaire et que Raymond n'avait pas refermée complètement en entrant, s'ouvrit tout à fait et un jeune homme parut.

C'était Paul.

— Acceptez, mon père ! — s'écria-t-il. — Acceptez !... C'est votre devoir !... Je demande à partager votre tâche pour témoigner, moi aussi, ma reconnaissance à ceux qui viennent de vous rendre à moi !...

— Mon enfant... mon enfant... — balbutia Raymond ému jusqu'aux moelles, — quoi, tu veux ?...

— M'unir à vous, mon père, et lutter avec vous contre des infâmes !

— Et moi aussi, Raymond, je veux me joindre à vous ! — dit une voix de femme.

Et la mère de Fabien, qui venait d'entrer par une autre porte, s'approcha de Fromental et lui prit les mains.

— Madame de Chatelux !... — firent à la fois Raymond et Paul stupéfaits.

— Oui, — répondit la comtesse, — oui, une mère au désespoir qui ne met plus qu'en vous son espérance, et qui vous supplie à mains jointes de lui venir en aide !...

— Mon Dieu, que vous est-il arrivé, madame ? — demanda vivement Paul dont le visage exprima l'angoisse.

— Fabien a disparu ! — dit madame de Chatelux en pleurant. — Fabien est mort peut-être...

— Fabien disparu !... mort peut-être !!

— Je l'ai attendu toute la nuit. — Hier soir, il était sorti pour aller au spectacle... à une première représentation... au Gymnase.. — Ce n'était point un prétexte pour déguiser un autre emploi de sa soirée... il était bien au Gymnase, on l'y a vu... deux de ses amis, questionnés par moi, me l'ont dit... — il a passé la nuit dehors... — Cela, je ne l'ignore point, pourrait se comprendre et s'expliquer. Mais pour qu'il ne soit pas rentré ce matin, sachant bien que son absence prolongée, inexplicable, me rendra folle si elle ne me tue pas, il faut qu'il soit mort, car rien au monde, pas même une femme, ne lui ferait ainsi oublier sa mère!! — Je le cherche. — Je prie Dieu de me le rendre! Dieu m'exaucera-t-il? j'ai accompagné M. le ministre... j'étais là... j'ai entendu ce qui se disait, j'ai reconnu votre voix, et mon cœur m'a crié que s'il en était temps encore vous seul pourriez me rendre mon fils vivant et, s'il était trop tard, me donner au moins la vengeance!...

— Madame, — s'écria Paul, — espérez! — Dieu inspirera et guidera mon père. — Dieu lui permettra de vous rendre Fabien vivant.

— Vous avez veillé sur mon enfant, madame, — ajouta Raymond. — Vous avez reçu le dernier soupir de ma pauvre femme bien-aimée... Ces souvenirs ne me permettent pas de résister à vos prières! — La liberté de mes actes m'est rendue, mais la reconnaissance m'enchaîne!... — Je reste à mon poste de combat! — Je ne le quitterai qu'après vous avoir rendu votre fils, vivant ou mort, et avoir livré à la justice les misérables qui déciment Paris!

— Merci!... merci!... — s'écria madame Chatelux. — Ah! Raymond, j'étais bien sûre que vous ne m'abandonneriez pas!!

— Ce que vous faites est bien! — dit le ministre

ému; — Fromental, vous êtes un brave cœur!...

— Venez ici dans l'après-midi, Fromental... — ajouta le préfet de police. — Nous conviendrons des mesures énergiques auxquelles il convient d'avoir recours... — Maintenant, prenez ceci... — Ce sont vos lettres de grâce. — Vous venez de nous prouver combien vous en étiez digne...

Raymond prit le papier que lui tendait le préfet de police et le pressa contre ses lèvres, puis le père et le fils tombèrent dans les bras l'un de l'autre et s'embrassèrent en pleurant de joie.

Le ministre les congédia après avoir prodigué des paroles de consolation et d'encouragement à la comtesse, que Paul fut chargé de reconduire à son hôtel.

Le jeune homme s'acquitta de ce service, tandis que Raymond regagnait son appartement de l'île Saint-Louis où il avait donné rendez-vous à plusieurs agents de la Sûreté.

XXXII

Le ministre de la justice resta quelques instants encore avec le préfet de police.

Tous deux s'entendirent au sujet d'un communiqué que l'*Agence Havas* transmettrait aux principales feuilles de Paris, et qui démentirait dans une certaine mesure les faits racontés tout au long dans le journal que nous avons cité sans le nommer.

Peut-être nos lecteurs se demandent-ils comment ce journal avait obtenu des renseignements si précis au sujet d'une affaire qu'on entourait à dessein d'obscurité.

Nous allons le leur expliquer brièvement.

Les reporters, toujours en quête de nouvelles fraîches, ne pouvaient manquer d'apprendre l'accident de Choisy-le-Roi.

Sachant que le corps de René Labarre avait été ramené à Paris, ils s'étaient rendus à la maison mortuaire, le jour du convoi, et ils avaient fort adroitement mais fort indiscrètement *interviewé* la domestique de madame Labarre.

Cette domestique, ayant entendu ce qui s'était dit la veille dans la chambre du mort entre le chef de la Sûreté, le commissaire de surveillance, le docteur Thompson, etc., s'était empressée de tout raconter.

De là l'article à sensation qui faisait, ce jour-là, monter dans des proportions inouïes le tirage du journal révélateur.

*
* *

Qu'était devenu notre vieille connaissance et nous dirions volontiers notre ami La Fouine, depuis le jour où nous l'avons retrouvé debout, allant chez le pharmacien faire panser sa blessure.

L'insouciant et joyeux pêcheur philosophe avait fait renflouer son bateau et reconstitué son attirail.

Ensuite, mais en évitant de se fatiguer, car il souffrait encore et une certaine faiblesse résultait pour lui de la grande quantité de sang perdu, il s'était remis à ses occupations habituelles; — seulement, tandis que ses yeux épiaient les moindres mouvements du flotteur de sa ligne, il ne rêvait que vengeance et mettait son imagination à la torture pour trouver quelque moyen adroit d'arriver à la découverte de son assassin.

Une circonstance particulière ne lui sortait point de l'esprit et servait en quelque sorte de pivot à toutes ses réflexions.

C'était le vol de la médaille.

Ce vol, évidemment prémédité, avait été le mobile à coup sûr, l'unique mobile du crime commis.

Il songeait à Amédée Duvernay, à la belle Virginie, et il se disait :

— Je parierais un bateau tout neuf contre le vieux sabot que voici qu'il n'y a dans tout cela qu'un seul et même gredin ! — Le mécanicien de contrebande qui m'a donné un si joli coup de couteau entre les deux épaules est aussi l'assassin de Duvernay et de Virginie... — Pour moi ça ne fait pas l'ombre d'un doute !

Le journal qui racontait les crimes tomba sous les yeux de La Fouine chez un marchand de vins de Créteil où il déjeunait.

Naturellement il lut, ou plutôt il dévora l'article en question, et son étonnement ne fut point mince quand il trouva parmi les noms des victimes celui de René Labarre, comme lui et comme Amédée Duvernay héritier du comte de Thonnerieux.

Il n'en fallut pas plus pour changer ses soupçons en une certitude absolue.

— Sapristoche ! — murmura-t-il, — j'avais de la jugeotte tout de même ! — Il est clair comme le jour que c'est aux médailles des héritiers du comte qu'on en veut, puisqu'on les tue pour prendre les médailles sur leurs cadavres... — Qu'est-ce qu'on peut donc bien en faire, de ces médailles?... — Minute! — Faudra voir ça, mon bonhomme! — J'ai une idée, et je la crois très chic, mon idée!...

Séance tenante, la Fouine remonta dans son bateau, traversa la Marne et se rendit à la maisonnette habitée par Paul Fromental.

Ce fut Madeleine qui le reçut.

— Ah! Ah! c'est vous monsieur Boulenois... — dit la vieille et fidèle servante.

— En personne véritable et naturelle, m'ame Madeleine...

— Vous venez voir mon jeune maître?...

— Oui, m'ame Madeleine... — Est-ce qu'il n'est pas là, m'sieu Paul?

— Pas pour l'instant...

— Il est à Paris?

— Tout juste... — Son papa, M. Fromental, est de retour de voyage et lui a envoyé ce matin une dépêche pour qu'il aille le retrouver...

— Diable! — Avez-vous dans l'idée, m'ame Madeleine, qu'il reviendra ce soir, m'sieu Paul?...

— Ça n'est guère probable...

— Ah! sapristoche! Voilà qui est fâcheux tout à fait!

— Est-ce que vous aviez quelque chose de pressé à lui dire?

— Quelque chose de très pressé, et si ça n'était pas trop indiscret, je vous demanderais, m'ame Madeleine, à quelle adresse je pourrais le trouver à Paris...

— Ça n'est pas indiscret du tout... — Vous le trouverez chez son papa, rue Saint-Louis-en-l'Ile, numéro 16...

— Merci, m'ame Madeleine... — Je retraverse l'eau, je monte au chemin de fer et je prends le train...

Et La Fouine, quittant la maisonnette, regagna vivement son bachot.

A onze heures et quart il était à Paris.

A midi moins dix il entrait dans la maison qu'habitait Raymond Fromental.

— M'sieu Paul Fromental, S. V. P., — demanda-t-il à la concierge qui répondit :

— Sorti avec son père, monsieur.

— Et pourriez-vous me dire, ma chère dame, quand il rentrera?

— Ah! quant à ça, non. — Ils ne mangent pas chez eux en ce moment, mais M. Fromental, le père, rentre presque toujours un moment vers quatre heures... et vous pourriez revenir à cette heure-là...

— Grand merci, ma chère dame... je repasserai...

La Fouine, parfaitement désappointé, salua et traversa la cour pour regagner la rue.

Soudain il s'arrêta et sa physionomie prit une expression joyeuse.

Il venait de voir Raymond Fromental entrant sous la voûte de la porte cochère, et il faisait halte pour l'attendre.

Raymond revenait de la préfecture.

Dans sa poche il sentait ses lettres de grâce, ce qui le rendait rayonnant.

Il aperçut la Fouine qui s'avançait vers lui, la casquette à la main.

— Bonjour, m'sieu Fromental... — dit le jeune pêcheur.

— Bonjour, mon garçon.

— Peut-être bien que vous ne me reconnaissez pas, m'sieu Fromental...

— Je vous reconnais parfaitement, au contraire — vous vous nommez Boulenois, et c'est vous qui avez aidé à retirer de la Seine, il y a de cela quelques semaines, le cadavre d'un certain Fauvel...

— Sapristoche! c'est parfaitement ça!... — Eh bien! vous pouvez vous vanter, m'sieu Fromental, d'avoir une mémoire qui se porte bien!!

Et tout bas La Fouine ajoutait :

— J'étais bien sûr de ne pas me mettre le doigt dans l'œil... — C'est *une mouche*, le papa à m'sieu

Paul... — Qu'est-ce que vous voulez, il en faut! — Je serai très malin!... J'ai mon idée de plus en plus!...

— Est-ce moi que vous veniez chercher ici? — reprit Raymond.

— Oui, m'sieu Fromental, vous, personnellement...

— Et que me voulez-vous?...

— Vous parler, m'sieu Fromental.

— Me parler! — De quoi?

— Ah! vous savez, ça n'est pas en pleine cour que ça peut se débiter, ces choses-là. — je voudrais dialoguer avec vous... mais chez vous... entre quatre z'yeux!...

— Eh bien! montez, jeune homme... — répliqua Raymond fort intrigué et ne s'expliquant point du tout quelle communication ce garçon pouvait avoir à lui faire.

La Fouine suivit Fromental qui l'introduisit dans sa salle à manger et qui renoua l'entretien en ces termes :

— Nous voilà en tête à tête comme vous l'avez désiré. — Personne, excepté moi, ne peut vous entendre... — Asseyez-vous et expliquez-vous...

Boulenois prit une chaise et commença :

— Faut que vous sachiez d'abord, m'sieu Fromental, que je suis, comme qui dirait, le camarade de votre fils...

— Le camarade de Paul, vous !

— Tout de même, m'sieu Fromental... — C'est moi qui lui ai appris à amorcer, à devenir un fin pêcheur, et qui lui ai montré les bons endroits de la Marne, aux environs de Port-Créteil où qu'il reste...

— Ah ! c'est de vous qu'on m'a parlé comme professeur de pêche... — Bon. — Je sais... — Maintenant allez au fait et abrégez le plus possible, je suis pressé...

— Tant pis !

— Pourquoi ?

— Parce que ce que j'ai à vous dégoiser est tout à fait sérieux, et ça sera peut-être un peu long...

— Si c'est sérieux je vous écouterai jusqu'au bout avec attention, mais ne perdez pas de temps !

— Je commence... — Vous savez beaucoup de choses, m'sieu Fromental, mais ce que vous ne savez bien sûr pas c'est que je suis, tout comme m'sieu Paul, un héritier du défunt comte de Thonnerieux...

— Je l'ignorais en effet ou plutôt je l'avais oublié... — dit Raymond, dont l'intérêt se trouva tout à coup surexcité par cette révélation ; — cela m'explique comment et pourquoi votre nom de Boulenois, quand vous me l'avez donné, ne m'a point produit l'impression d'un nom tout à fait inconnu.

— Continuez...

La Fouine reprit :

— Bref, je portais comme votre fils et comme les autres particuliers nés natifs du 10 mars 1860, dans le sixième arrondissement, une médaille qu'à mon âge de majorité je devais présenter au comte, ou au notaire du comte, pour toucher une somme dont je ne connais pas le chiffre, mais qu'on prétendait grassouillotte.

— Vous devez savoir que le comte est mort, — interrompit Raymond.

— Je le sais.

— Et que son testament a été volé...

— Je l'ai appris par M. Fabien de Chatelux.

— Alors, vous n'espérez plus rien ?

— Peut-être.

— Comment, peut-être ? — Que voulez-vous dire ?...

— Ceci : — Le testament de défunt m'sieu de Thonnerieux a été volé, pour sûr, mais la fortune qu'il laissait aux héritiers ne l'a probablement pas été, et m'est avis qu'avec toutes les médailles réunies, sur lesquelles il y a des mots inscrits, on peut la retrouver...

— J'ai déjà songé à cela, — fit Raymond, de plus en plus curieux de savoir où La Fouine voulait en venir.

— J'ai dans ma folle idée, — poursuivit Boulenois, — que le testament donnait connaissance de cette chose, et que celui qui a volé le testament cherche à se procurer les médailles en tuant ou en essayant de tuer ceux qui les portent...

Fromental dressa l'oreille.

Il lui sembla brusquement que La Fouine était au moment d'ouvrir devant lui un horizon fermé jusque-là, et qu'un point lumineux allait enfin briller dans les ténèbres.

— Qui vous fait croire cela ? — demanda-t-il vivement.

— Ce qui me le fait croire, sapristoche ? — Ça saute aux yeux ! — On a tué Amédée Duvernay, un des héritiers du défunt comte, et en même temps sa maîtresse, la belle Virginie, qui portait la médaille, et cette médaille n'a pas été retrouvée... — On a tué René Labarre, et la médaille avait aussi disparu... — sans compter qu'on a voulu me tuer et qu'on m'a volé ma médaille...

Raymond bondit.

— On a voulu vous tuer ! — s'écria-t-il.

— Je vous crois !... même que j'en porte et que j'en porterai longtemps les marques dans le dos !

— Quand ?

— Il y a quatre jours.

— Où ?

— Sur la Marne... tout près de Créteil...

— Quel était l'assassin ?

— Un gaillard que je ne connaissais pas, que je n'avais jamais vu, et qui a trouvé moyen de se faire gober par Bibi comme un ouvrier mécanicien en balade, bon garçon et amateur de la pêche à la ligne, et de fait il s'y connaissait aussi bien que moi, le grédin !...

— Comment ça s'est-il passé ?

— Voici l'anecdote.

Et La Fouine raconta par le menu ce que nos lecteurs savent déjà.

Raymond l'écoutait avec une émotion profonde.

— Et, — conclut le jeune homme après avoir achevé son récit — comme vous êtes le papa de l'un des héritiers de défunt m'sieu de Thonnerieux, je venais vous avertir de bien veiller sur votre fils, qui est mon camarade et mon élève, et en même temps vous demander si je devais avertir la police...

— Elle est avertie. — dit Fromental. — Je suis inspecteur de la Sûreté...

— Ça y est ! — pensa la Fouine. — Il en est convenu... Ça fait mon affaire...

— Vous avez eu raison de vous adresser à moi, mon ami... — reprit Raymond. — Peut-être allez-vous m'apporter une aide immense dans ma tâche difficile...

— Vous cherchez les assassins, m'sieu Fromental ?

— Oui. — Je suis convaincu maintenant, moi aussi, que les misérables n'en veulent qu'aux héritiers du comte... — Amédée Duvernay, la belle Virginie qui portait la médaille... René Labarre...Vous il y a quatre jours, et enfin, hier, Fabien de Chatelux...

— Quoi, m'sieu Fabien aussi ! ! — s'écria La Fouine épouvanté. — Lui aussi assassiné ! !

— On n'a pas la preuve qu'il soit mort, mais tout est à craindre car il a disparu depuis hier. — Quatre sur six, en vous comptant, ont été frappés !... — Il ne reste plus que mon fils et une jeune fille également héritière, et dont j'ai oublié le nom...

— Ce nom, papa me l'a dit souvent... — La demoiselle s'appelait Marthe Berthier...

— C'est bien cela... — Qui sait si déjà elle n'a pas été victime ! — Ce serait cinq sur six, alors... — Il ne resterait plus que Paul... — C'est à lui maintenant qu'ils vont s'attaquer !

— ILS ? — répéta Jules Boulenois, — qui, ILS ?...

— Ah ! si je le savais, les misérables ne seraient plus à craindre ! — Le vol du testament est le point de départ de tous ces crimes !... — Les voleurs, à qui sans doute échappait la proie convoitée, se sont faits assassins pour la reconquérir !... — Vous m'avez dit, n'est-ce pas, que vous n'aviez jamais vu auparavant l'homme qui, après avoir tenté de vous tuer, vous a pris votre médaille ?...

— Oui, m'sieu Fromental, et c'est exact...
— Quel âge pouvait-il avoir ?
— Il paraissait de vingt-cinq à trente ans.
— A quoi ressemblait-t-il ?
— A un ouvrier mécanicien qu'il disait être, et c'était une frime !... — Mais, sapristoche, pas un *cabot* des premiers théâtres de Paris ne serait plus malin que lui pour se *faire une tête* et pour jouer le rôle au naturel !... Vous y auriez été pincé comme moi, m'sieu Fromental, et pourtant vous devez vous y connaître un peu !

— Où allez-vous maintenant ? — demanda Raymond.

— Je retourne à Créteil... — répondit Jules Boulenois.

— C'est bien...

— Quand m'sieu Paul y reviendra-t-il ?...

— Ce soir... — Voulez-vous me promettre de ne pas le quitter?

— Ah ! sapristoche, oui, je vous le promets... — et vous pouvez compter sur ma promesse... il sera bien gardé...

— J'y compte, mon ami, mais je vous recommande de faire en sorte qu'il ne puisse pas supposer que vous veillez sur lui...

— Soyez paisible, m'sieu Fromental. — Je n'aurai pas l'air... — D'ailleurs, j'ai l'œil américain... — Si je vois quelqu'un rôder autour de votre maison, et si c'est mon particulier, mon mécanicien de contrebande, je le reconnaîtrai bien, et je saurai lui faire son affaire !

La Fouine partit.

— C'est au tour de mon fils maintenant, — murmura Fromental, — car le doute n'est plus possible, c'est bien aux héritiers du comte de Thonnerieux qu'on s'attaque! — Je ne veux pas qu'on tue mon fils, et je saurai le défendre... Je vais l'envelopper d'agents qui, sans qu'il s'en doute, mettront un rempart entre lui et le danger... — Partout où il ira ils iront en même temps que lui, et avant qu'on ait pu toucher un cheveu de sa tête j'aurai découvert les assassins... — Jules Boulenois d'un côté, les agents de l'autre, le péril sera conjuré... — Maintenant il faut qu'à la préfecture on me donne carte blanche ; qu'on ne me questionne même pas.

Fromental prit son chapeau et sortit de chez lui.

En passant devant la loge de la concierge, il s'arrêta et dit:

— Si l'on vient me demander, vous répondrez que je serai ici à sept heures précises.

— Entendu, monsieur Fromental.

Raymond était à jeun.

Il entra dans un petit restaurant, se fit servir un

bouillon, une côtelette, une demi-bouteille de vin, mangea rapidement, se rendit à la préfecture et fit passer son nom au préfet.

Celui-ci le reçut aussitôt et lui demanda :

— Qui vous amène? je ne vous attendais pas ce soir...

— Depuis le moment où je vous ai quitté, monsieur le préfet, j'ai appris beaucoup de choses... et de chose très importantes.

— Lesquelles?...

— Voici.

Et Fromental raconta ce que La Fouine venait de lui raconter à lui-même.

— C'est effrayant! — s'écria le haut fonctionnaire, puis il ajouta : — Vos conclusions?

— Sont qu'on tue exclusivement les héritiers du comte de Thonnerieux...

— Qu'allez-vous faire?

— Je vais d'abord vous prier de m'accorder une liberté d'action complète.

— Je vous l'accorde...

— Veuillez me signer un permis de communiquer avec l'ancien valet de chambre du feu comte...

— Jérôme Villard?

— Oui.

— Qu'espérez-vous de lui?

— Je n'en sais rien... — Faites-moi l'honneur de

me témoigner une confiance absolue... — Ne me questionnez pas... il me serait impossible de vous répondre... Je vous supplie de tenir secrète la démarche qu'en ce moment je fais auprès de vous... — Seul vous devez savoir que j'agis...

— Mais sans connaître vos agissements... — dit le préfet avec un sourire... — Soit! j'ai confiance... — Voici le permis que vous demandez...

Le préfet écrivit deux lignes sur une feuille de papier à en-tête, signa et tendit la feuille à Fromental en ajoutant :

— Jérôme Villard est à Mazas.

— J'y vais...

Et Raymond, prenant une voiture, se fit en effet conduire à Mazas.

Il était près de deux heures quand il entra au greffe de la prison cellulaire.

Sur le vu du *permis* signé par le préfet, le directeur le fit conduire dans une salle où il pourrait s'entretenir avec le détenu, et on alla chercher Jérôme Villard, toujours au secret depuis son arrestation.

L'enquête sur le vol du testament du comte de Thonnerieux avait été longue.

Le juge d'instruction venait cependant de terminer les nombreux interrogatoires nécessités par cette affaire.

Plus de cinquante témoins avaient été entendus.

Les pièces devaient, sous très peu de jours, être remises à la chambre des mises en accusation, qui sans le moindre doute enverrait en cour d'assises le pauvre Jérôme Villard.

Il était changé au point d'en être méconnaissable, le malheureux valet de chambre.

Ses cheveux grisonnants avaient pris la blancheur de la neige.

Ses joues se creusaient.

Ses yeux, profondément enfoncés dans leurs orbites rougies, semblaient éteints.

Ses épaules voûtées, sa barbe longue, blanche comme ses cheveux, et une sorte de tremblement sénile de ses lèvres et de ses mains, donnaient à Jérôme l'aspect d'un centenaire.

Le chagrin, un incurable chagrin, le minait, le faisait mourir à petit feu.

Un gardien l'amena près de Fromental.

Il connaissait celui-ci que plus d'une fois il avait introduit chez le comte.

Lorsqu'il le vit, les souvenirs douloureux l'assaillirent en foule et il lui fut impossible de contenir ses sanglots.

Le changement qui s'était opéré chez le vieillard et que nous venons de signaler, terrifia Raymond.

— Jamais, — pensa-t-il, — jamais il ne me sera possible d'admettre que cet infortuné soit coupable!... — il est victime... il est martyr...

Et allant vivement à la rencontre de Jérôme il lui tendit la main.

L'ex-valet de chambre saisit cette main amie et la pressa avec une effusion reconnaissante.

— Asseyez-vous, mon pauvre Jérôme, — lui dit Fromental.

Le vieillard se laissa tomber sur une chaise.

— Vous venez m'annoncer sans doute que je passerai bientôt en jugement... — fit-il d'une voix affaiblie et comme brisée, en essuyant les larmes qui baignaient son visage.

— Non, mon ami, — répliqua Raymond, — je ne viens pas vous apporter une mauvaise nouvelle... au contraire...

— Aurait-on découvert le voleur? — demanda Jérôme, dont une lueur passagère illumina les yeux.

— Pas encore, mon ami, mais on peut avoir l'espérance de le retrouver...

— On sait donc qu'il existe? On commence à croire à mon innocence?...

— Sans y croire absolument, car dans ce cas vous seriez déjà libre, on n'est pas loin d'en admettre la possibilité... et peut-être, en venant en aide à la justice, pourriez-vous changer en certitude ce commencement de croyance...

— Venir en aide à la justice, — répéta Jérôme, — de quelle manière ?

— Par des déclarations sincères.

— Mais j'ai été sincère toujours, — j'ai dit la vérité sans cesse... — je n'ai pas supprimé le testament de mon cher maître... je n'ai rien volé... ce n'est point moi qui ai violé les scellés... — je suis innocent...

— Je n'en doute pas, Jérôme !... — je vous donne ma parole d'honneur que je suis convaincu de votre innocence... — Depuis longtemps je vous connais... j'ai su apprécier vos qualités de dévouement et de probité... — il m'était donc impossible, absolument impossible de vous soupçonner... — Mais ma conviction, pour si profonde et si logique qu'elle soit, manque d'autorité... — je n'ai pas l'importance qu'il faudrait pour l'imposer... — Toutes les apparences sont contre vous, et par malheur les jugements humains sont trop souvent basés sur des apparences.

— Alors, je suis perdu ! — Comment voulez-vous que je fasse ? — Comment voulez-vous que je me défende ? — s'écria le vieillard avec désespoir.

— Voyons, mon bon Jérôme, du calme, du courage, et écoutez-moi... — reprit Raymond. — J'ai été personnellement chargé de recherches au sujet de votre affaire. — De plus j'ai suivi de près les enquêtes qui ont eu lieu à l'hôtel de votre vénéré et regretté maître... — J'ai tout vu, tout étudié ; j'ai cherché à me rendre compte de tout...

« Eh ! bien, il est une chose évidente pour moi, une chose indiscutable, qui s'impose, qui crève les yeux, c'est que le voleur connaissait à fond les habitudes du comte de Thonnerieux, la distribution de son hôtel et les meubles où il serrait ses valeurs, puisque c'est à ceux-là qu'il est allé tout droit...

— C'est la vérité... — appuya Jérôme ; — j'avais fait déjà cette réflexion bien souvent.

— Pour moi, — reprit Fromental, — le voleur s'est introduit dans l'hôtel après le convoi funèbre...

— Cela, c'est impossible ! — répliqua Jérôme.

— Pourquoi.

— J'avais fermé toutes les portes, et les clefs ne m'ont jamais quitté.

— Vous étiez seul à posséder les clefs de la chambre du comte et de son cabinet?

— Seul, oui.

— Alors, comment expliquez-vous qu'on y soit entré ?

— Toutes les suppositions se sont présentées à mon esprit... — Pas une seule ne m'a semblé admissible... — Dieu sait si j'ai cherché cependant !...

— Vous était-il arrivé de parler à quelqu'un des

valeurs que le comte possédait en portefeuille ?

— Jamais.

— Le comte recevait peu de monde, n'est-ce pas ?

— Presque personne depuis que la mort de madame la comtesse et celle de sa fille avaient mis son âme et sa maison en deuil... — Un très petit nombre d'amis intimes, voilà tout...

— Faisait-il ses comptes lui-même ?

— Oui.

— Et sa correspondance ?

— Toujours seul...

— Vous mettait-il parfois au courant de ses affaires ?...

— Non...

— Cependant vous saviez qu'il avait fait un testament ?

— Je savais bien que le contraire était inadmissible, mais je ne me souviens pas que mon maître m'ait jamais parlé d'une manière positive de ce testament...

— A plus forte raison, puisqu'il en était ainsi, ignoriez-vous le sens de ses dispositions testamentaires ?...

— Absolument... — Je ne savais qu'une chose...

— Laquelle ?

— C'est que par un écrit fait depuis longtemps, il

donnait une part de sa fortune à chacun des enfants venus au monde dans le sixième arrondissement le jour de la naissance de sa fille...

— On a trouvé dans les papiers du comte des baux, des inventaires, qui n'étaient point de sa main... — Étaient-ils de la vôtre?

— Non... — je n'ai jamais rien écrit sous la dictée de mon vénéré maître.

— Avait-il un copiste en ville, auquel il confiait des papiers, des écritures à mettre au net?...

— S'il avait eu un copiste, je l'aurai su... — Ce que l'on a trouvé doit avoir été écrit sur brouillons par son ancien secrétaire, Pascal Saunier...

Raymond tressaillit.

Un éclair passager s'alluma dans ses prunelles.

— Pascal Saunier! — répéta-t-il.

— Oui... — C'est ainsi qu'il se nommait...

— N'était-ce pas un très jeune homme, un beau garçon, qu'il me semble avoir entrevu une fois chez le comte, et qui a été condamné, il y a un peu plus de trois ans, à trois années de prison?

— Parfaitement lui, monsieur Fromental, — condamné pour crime de faux... — C'était un garçon d'une intelligence supérieure, mais d'une immoralité profonde... il l'a bien prouvé. — Je m'étais permis de signaler à mon cher maître certains détails de son existence intime qui me semblaient suspects... —

J'ai su qu'il avait été envoyé à la maison centrale de Nîmes...

Raymond se leva brusquement et se mit à marcher d'un pas inégal dans l'étroite pièce où il se trouvait avec le prisonnier.

A plusieurs reprises, il pressa son front dans ses mains.

Soudain, il s'arrêta devant Jérôme.

— Ce secrétaire de M. de Thonnerieux, ce Pascal Saunier, — lui dit-il, — jouissait, n'est-ce pas, de toute la confiance de votre maître?

— Oui, monsieur... — Intelligent, instruit, causant bien et parlant plusieurs langues, il avait su plaire à monsieur le comte et lui inspirer une confiance illimitée...

— Pascal Saunier ne possédait-il aucune clef de l'hôtel de Thonnerieux?

— Il en possédait plusieurs, au contraire, depuis la clef de la petite porte du jardin, jusqu'à celle du cabinet de mon cher maître. — C'est même cela qui me faisait peur, étant donnée la mauvaise opinion que j'avais de ce jeune homme...

— Mon Dieu! mon Dieu! — s'écria Raymond en joignant les mains. — Eclairez-moi!... Inspirez-moi!

— Voulez-vous que je vous dise, monsieur Fromental... — continua Jérôme. — Eh bien! parmi toutes les suppositions qui ont traversé mon esprit quand je me demandais comment on avait pu s'introduire dans l'hôtel et voler, celle qui me semblait la moins absurde, à laquelle je m'arrêtais le plus volontiers, se rapportait à Pascal Saunier.

— Vous pensiez alors que ce Pascal pouvait être le voleur?

— Lui plutôt qu'un autre... Mais je ne m'y arrêtais point, ignorant s'il était sorti de prison.

— Avez-vous parlé de cela au juge d'instruction?

— Non.

— Pourquoi?

— Parce que pour rien au monde je n'aurais voulu faire soupçonner un innocent, et je réfléchissais qu'il était possible qu'avant de quitter l'hôtel, Pascal Saunier eût remis au comte toutes ses clefs.

— Possible, mais non certain, n'est-ce pas?

— Assurément... — Simple supposition... — Scrupule peut-être absurde de ma part..

— Vous m'avez dit que le secrétaire possédait une clef de la petite porte du jardin?...

— Oui, celle de la petite porte qui donne sur la rue Bonaparte et aussi celle du vestibule... — M. le comte voulait qu'il pût rentrer le soir à n'importe quelle heure sans déranger quelqu'un...

XXXIII

— Jérôme, — s'écria Raymond après un silence, — la lumière se fait !... — Pascal Saunier a volé le testament du comte de Thonnerieux...

— Le croyez-vous ? — demanda l'ex-valet de chambre dont le tremblement sénile redoubla. — Le croyez-vous vraiment ?

— Tout semble le prouver... — Pascal Saunier n'était pas homme à rendre ses clefs en quittant la maison... — Donc il les possédait encore... — Il est entré la nuit par la porte donnant sur la rue Bonaparte... il a ouvert le vestibule et il est arrivé au cabinet du comte dont il gardait aussi la clef... — En prenant les valeurs il a pris le testament, qu'il a lu.

— La Fouine avait raison en supposant que ce testament mentionnait le chiffre de la fortune attribuée à chaque enfant, et que les médailles réunies devaient indiquer l'endroit où se trouvaient cachées les fortunes... Sachant cela par hasard, Pascal Saunier ne s'est plus contenté de son premier butin, il a voulu mettre la main sur les millions du comte... — Pour atteindre ce but, il lui fallait les médailles...

» La lumière est faite, Jérôme.

» Pascal Saunier est non seulement le voleur, mais il est l'assassin !

» Il a tué Antoine Fauvel !

» Il a tué Duvernay et la belle Virginie !

» Il a tué René Labarre !

» Il a voulu tuer Jules Boulenois !...

» Il a tué sans doute Fabien de Chatelux !...

» Maintenant il menace mon fils !...

— Votre fils menacé !... M. Fabien de Chatelux assassiné !! — fit Jérôme avec autant de stupeur que d'épouvante.

— Il leur faut la médaille de mon fils, comme il leur faudra celle d'une jeune fille nommée Marthe Berthier et qui fait partie, elle aussi, des héritiers du comte... — Chacune de ces médailles porte un ou plusieurs mots... Ces mots accouplés formeront une phrase, et cette phrase donnera la solution de l'énigme...

« Ayez confiance, Jérôme !... — Avant peu, je vous

le dis, vous serez libre, et ceux-là mêmes qui vous accusaient proclameront votre innocence !

— Oh ! monsieur Fromental, — balbutia le vieux valet de chambre en joignant les mains, — puissiez-vous ne pas vous tromper ! — Que le bon Dieu vous éclaire et vous guide !

— Comptez sur lui, et espérez !... Je vous le jure, votre espoir ne sera point déçu !... Maintenant je vais vous quitter, mais vous ne tarderez guère à me revoir. — Je tâcherai d'être le premier à vous apporter la bonne nouvelle !...

Fromental reconduisit le prisonnier auprès du surveillant, lui serra la main, lui adressa une dernière parole d'encouragement et regagna la voiture qui l'avait amené.

— A la préfecture ! — dit-il, — et du train !

A quatre heures précises, il entrait dans le cabinet du préfet.

— Eh bien ? — lui demanda le haut fonctionnaire.

— Je crois tenir une piste, monsieur le préfet...— je vais écrire une dépêche en votre nom et vous prier de donner l'ordre que cette dépêche soit expédiée sur-le-champ...

— Faites.

Raymond écrivit les lignes suivantes, prononçant à haute voix chaque mot, à mesure que sa plume le traçait :

« Préfet de police à directeur du pénitencier de Nîmes.

» Envoyer sans retard renseignements sur Pascal Saunier, condamné à trois ans de détention pour crime de faux, et libéré dernièrement. — Savoir, si possible, où il allait en quittant pénitencier. — Donner signalement exact lors de mise en liberté. — Urgence.

« PRÉFET DE POLICE. »

Le haut fonctionnaire frappa sur un timbre et dit à l'huissier qui se présenta :

— Cette dépêche au bureau télégraphique de la préfecture... Vite !...

— Où connaîtrai-je la réponse, monsieur le préfet ? — demanda Raymond.

— Ici même. — Je vais donner l'ordre à mon secrétaire de vous communiquer, si je suis absent, toute dépêche arrivant de Nîmes.

— J'ai l'honneur de remercier monsieur le préfet.

Tandis que la dépêche allait de Paris à Nîmes sur les fils électriques, Raymond, ayant un peu de temps devant lui, se rendit à son logement de la rue Saint-Louis-en-l'Ile.

*
* *

Marthe avait eu raison de penser que Paul Fromental viendrait à la consultation du docteur pour essayer de la voir.

En effet le jeune homme, passionnément épris de celle qu'il considérait comme sa fiancée depuis la fête donnée à l'hôtel de la rue de Miromesnil, éprouvait l'ardent désir de se retrouver auprès d'elle, de la contempler et, sinon de l'entendre lui répéter qu'elle l'aimait, du moins de pouvoir lire dans ses yeux l'expression de son amour.

Ce désir était à la vérité combattu par la répugnance toute naturelle que lui inspirait l'idée de se présenter chez Thompson, son rival, par conséquent son ennemi, l'homme qui dominait Marthe et la rendait esclave.

Le combat, d'ailleurs, fut court, et comme on devait le prévoir la répugnance fut vaincue par le désir.

Après avoir reconduit chez elle madame de Chatelux, après avoir fait tout ce qui dépendait de lui pour calmer et consoler un peu la pauvre mère affolée de douleur en lui prodiguant les paroles d'espoir, en lui jurant qu'il unirait ses efforts à ceux de son père afin de trouver les traces de Fabien, il prit le chemin de la rue de Miromesnil.

La foule des clients était plus nombreuse encore que de coutume dans le salon d'attente.

C'était à qui voudrait consulter le spécialiste dont

la réputation s'affirmait, dont la vogue grandissait, et qui commençait à passer, même auprès des sceptiques, pour un guérisseur infaillible.

Paul allait s'adresser à l'adolescent en costume de *page* chargé de la distribution des numéros ; mais celui-ci, doué d'une excellente mémoire et le reconnaissant du premier coup d'œil, lui dit qu'il avait reçu des ordres le concernant, et que chaque fois qu'il se présenterait sa consigne était de le conduire auprès du docteur dès que celui-ci serait seul.

— Et en ce moment ? — demanda Paul.

— Il y a quelqu'un, mais vous n'aurez pas longtemps à attendre...

En effet, un coup de timbre résonna presque aussitôt.

Ce coup de timbre équivalait à l'ordre d'introduire un client.

Le page entra dans le cabinet de son maître et dit :

— Monsieur le docteur, monsieur Paul Fromental est là...

En entendant prononcer ce nom, Jacques Lagarde fronça les sourcils, ses lèvres se crispèrent, il pâlit légèrement.

— Sa visite est une bravade !... — pensa-t-il avec une sourde colère. — Il est condamné, donc il devrait m'être indifférent, et je ne puis penser à lui cependant sans haine et sans jalousie !... — Mon instinct m'avertit que c'est lui qu'elle aime, et cet instinct ne doit point me tromper.

Le jeune garçon attendait.

Jacques contraignit ses lèvres à sourire et dit :

— Faites entrer.

En même temps il imposait à son visage son habituelle expression de bienveillance affectueuse.

Sur un signe du page, Paul entra.

— Je ne vous attendais point aujourd'hui, mon cher enfant, — fit Jacques en lui tendant la main ;— vous n'en êtes pas moins le très bien venu...

— Il était de mon devoir, monsieur le docteur, de venir vous remercier...

— Me remercier, de quoi ?

— Des heures charmantes, inoubliables, que vous m'avez fait passer lundi dernier. — Je vous apporte l'expression de ma gratitude, et toutes mes félicitations.

— La soirée vous a paru réussie ?...

— L'éblouissement était général, et je le partageais.

— Je suis heureux de votre suffrage... — j'avais peur que votre visite n'eût un autre motif.

— Quel autre motif pourrait-elle avoir ?

— L'idée m'avait traversé l'esprit que vous vous sentiez plus souffrant et que vous veniez réclamer mes soins... — Il n'en est rien, n'est-ce pas?

— Assurément non !... — grâce à vos prescriptions, je me sens revivre... — Votre traitement fait merveille... — il est vrai que je m'y conforme avec une ponctualité rigoureuse...

— Vous avez raison... — C'est ce qu'il faut. — Ne vous départez pas de cette ponctualité. — Vous êtes en pleine voie de guérison, mais non encore guéri, et si vous n'agissiez avec prudence une rechute serait infaillible et prochaine... — Avez-vous épuisé vos globules?

— Pas tout à fait, mais je n'en ai plus que pour trois jours...

— Je vous en remettrai une autre boîte. — Votre père est-il revenu de voyage?

— Pas encore.

— Quand l'attendez-vous?

— Dans une quinzaine de jours...

— En son absence, vous êtes seul à Paris?

— Oui...

— Vous devez vous y ennuyer mortellement... — L'île Saint-Louis est un quartier d'une tristesse navrante...

— Ce serait un séjour bien triste en effet pour quelqu'un qui n'aurait qu'à rester chez lui, sans occupation, sans travail... — Ce n'est pas le cas pour moi. — Le travail me distrait autant que le plaisir. — Je ne m'ennuie jamais!... — Du reste, en ce moment, je n'habite point l'île Saint-Louis...

— Ah!...

— Je suis à la campagne...

— A la campagne... — répéta Jacques. — Oui, c'est vrai.. — Je me souviens d'avoir conseillé à votre père de vous faire respirer l'air des champs... — Il avait devancé ma prescription... — Vous habitez ?...

— A Port-Créteil... — Une maisonnette sur le bord de la Marne...

— C'est à Port-Créteil en effet que je vous ai vu pour la première fois...

— Oui, docteur... Non loin de votre propriété...

Jacques dressa l'oreille.

— Ah! vous savez que j'ai par là une bicoque?... — dit-il.

— Une bicoque!! — le *Petit-Castel!* — s'écria Paul scandalisé... — La maison est un bijou et le parc une merveille !!

— Trop d'indulgence!... — fit Jacques avec un sourire, puis, tout bas : — C'est là qu'il a vu Marthe ! là qu'ils se sont parlé!... là qu'ils se sont aimés! — Je veux en être sûr...

Paul continua :

— Tout est enchanteur au *Petit-Castel!* Tout s'y trouve réuni... des arbres séculaires... des pelouses verdoyantes... des fleurs à profusion... les eaux transparentes de la Marne pour ceinture... un horizon radieux... Bref, un vrai paradis terrestre...

— C'est là sans doute que vous avez connu ma pupille? — demanda le docteur d'un air indifférent.

Paul comprit qu'il venait de parler avec une imprudence singulièrement compromettante, mais il eut assez de présence d'esprit cependant pour ne point donner tête baissée dans le piège si peu déguisé que Jacques lui tendait.

— Mademoiselle Marthe Grandchamp? — demanda-t-il, en donnant à son visage une expression d'étonnement.

— Sans doute... — Il m'a semblé, lundi dernier, que vour ne vous trouviez point ensemble pour la première fois.

Le fils de Raymond secoua la tête.

— Vous vous trompez, monsieur le docteur... — dit-il. — Je n'avais jamais vu mademoiselle Grandchamp quand j'ai eu l'honneur de lui être présenté par vous lundi...

— En êtes-vous bien sûr?...

— Oh! absolument sûr... — Un visage comme le sien ne s'oublie pas!

— Vous trouvez belle ma pupille?...

— Splendidement belle et plus que belle... exquise et charmante!... — Elle a toutes les grâces féminines... toutes les séductions... et...

Paul s'interrompit.

— Et? — répéta Jacques qui voulait descendre au fond de la pensée du jeune homme.

— Et celui-là serait bien heureux qui, l'aimant, serait aimé d'elle et pourrait lui donner son nom, lui faire partager sa vie...

— Avec quel enthousiasme vous parlez de ma pupille! — s'écria Jacques ironiquement.

— Enthousiasme sincère! — reprit Paul. — Si je n'étais éperdument amoureux de la jeune fille inconnue dont je vous ai parlé... que je ne reverrai peut-être jamais mais que j'aimerai toujours, je sens que mon cœur serait allé droit à mademoiselle Marthe Grandchamp!

Se moque-t-il de moi? — Essaye-t-il de me prendre pour dupe? — se demandait le docteur en enfonçant ses ongles dans les paumes de ses mains crispées. — Si cependant il disait vrai... — si elle ne l'aimait pas...

— Me ferez-vous la grâce de me permettre de présenter mes respects à votre pupille? — continua le jeune homme.

Jacques pensait :

— Elle ne l'attend pas... il est impossible qu'elle l'attende... — C'est une épreuve à tenter... peut-être cette épreuve me donnera-t-elle une certitude... — Si Marthe se trouble en le voyant, c'est qu'elle l'aime et que Pascal ne s'est point trompé.

Il ajouta tout haut, en quittant son fauteuil :
— Rien n'est plus facile. — Marthe est là... — Pour vous être agréable je vais l'appeler...

— J'en serai très heureux et très reconnaissant...

— Marthe, ma chère enfant, venez donc, — dit Jacques en élevant beaucoup la voix pour être entendu à travers la porte, — il y a là quelqu'un qui désire vous présenter ses hommages...

— Me voici, docteur.

Et la jeune fille, ouvrant la porte, franchit le seuil du cabinet des consultations.

Du premier coup d'œil elle vit Paul, — qu'elle s'attendait à voir.

Son visage resta, naturellement, impassible.

Un vague sourire vint à ses lèvres; sourire auquel Jacques qui l'étudiait d'un regard jaloux ne put rien comprendre.

De la pièce voisine elle avait deviné plutôt qu'entendu la voix de Paul, et elle s'était préparée à jouer la comédie du calme et de l'indifférence.

Le fils de Raymond fit deux pas au-devant d'elle en s'inclinant et lui dit :

— J'ai sollicité, mademoiselle, et obtenu l'honneur de vous rendre mes devoirs... — Je tenais, avant de quitter le docteur, à vous affirmer comme à lui que j'ai emporté une impression inoubliable de

8.

la soirée où pour la première fois il m'a été donné de vous voir.

Paul, avons-nous besoin de l'affirmer, souligna par l'intonation ce dernier membre de phrase.

Avec autant de sang-froid que le jeune homme venait d'en montrer, Marthe répliqua :

— Je vous remercie, monsieur Fromental, du bon souvenir que vous gardez de la soirée de lundi dernier... — Moi aussi je me rappelle avec un grand plaisir notre causerie longue et familière... Aujourd'hui les consultations du docteur nous limitent le temps, mais nous avons souvent des heures de liberté, et j'espère que vous en profiterez bientôt pour venir causer encore...

Dans ces paroles, et surtout dans le ton avec lequel elles étaient prononcées, Jacques ne pouvait voir et ne vit en effet qu'un échange de politesses banales.

XXXIV

— Je serai toujours très heureux, mademoiselle, — dit Paul, — de profiter de la permission de me présenter chez lui, que M. le docteur a bien voulu m'accorder ; mais aujourd'hui j'oublie que je suis importun... Les salons d'attente sont pleins de clients qui viennent chercher ici la guérison. — Je leur vole un temps précieux... — Au revoir, mademoiselle, et à bientôt j'espère. — Donnez-moi mes globules, monsieur le docteur, et je partirai.

Marthe salua en souriant et se retira.

Jacques remit à Paul une boîte des globules qui constituaient la plus grande partie du traitement, et lui tendit une main que le jeune homme n'osa point ne pas serrer, heureux d'avoir vu pendant quelques minutes celle qu'il adorait.

— Non ! non ! — se dit Jacques resté seul — c'est impossible ! — ils n'auraient pu rester à ce point maîtres d'eux-mêmes... l'émotion peinte sur leurs visages les aurait trahis ! — il ne faut pas que la jalousie m'aveugle et m'égare ! — Pascal se trompe on veut me tromper. — Marthe n'aime pas Paul Fromental... — Pourquoi donc alors me refuserait-elle son cœur qui n'appartient à personne ?... Elle me le donnera et je pourrai la sauver... — Ah ! je respire plus librement !... Le poids écrasant qui m'étouffait ne pèse plus sur ma poitrine !...

Le docteur frappa sur un timbre.

Un client entra dans son cabinet.

* *

Paul était retourné au logement de la rue Saint-Louis-en-l'Ile. — N'y trouvant pas son père il alla faire quelques courses dans les environs.

En arrivant chez lui, dix minutes après, Raymond aperçut deux agents qui l'attendaient en ayant l'air de lire des affiches contre un mur.

Il leur fit signe de le rejoindre.

— Mon fils est-il rentré ? — demanda-t-il en passant à la concierge.

— Monsieur Paul est venu tout à l'heure, monsieur Fromental, — répondit-elle, — mais comme vous n'étiez pas là il est allé faire des achats pour la campagne, en attendant votre retour.

— Merci, ma chère dame...

Et Raymond, suivi par les deux agents, monta

chez lui, introduisit ses sous-ordres dans son cabinet et les fit asseoir.

L'un de ces hommes était Vernier que nous connaissons déjà pour l'avoir vu venir relancer jusqu'à Saint-Maur Fromental, le jour où celui-ci se mettait en quête pour retrouver la piste de la jeune fille que Paul aimait.

— Vous avez des ordres à nous donner, monsieur Raymond ? — demanda-t-il.

— Oui, Vernier, des ordres sérieux...

— Concernant l'affaire en question ?

— Oui et non. — *Non* pour l'affaire elle-même... — *Oui* parce que ce que je vais vous confier se rattache à l'affaire... — Vous connaissez mon fils ?...

— Monsieur Paul... de vue, certainement...

— Eh bien, il s'agit de lui.

— Ah bah !...

— Mon fils est menacé.

— Menacé ! — répétèrent les deux agents avec surprise.

— Oui, mes amis.

— Par qui ?

— Par les membres de la bande mystérieuse que nous cherchons... — Ceci est le résultat d'une fatalité qu'il serait trop long et d'ailleurs inutile de vous expliquer, mais le fait en lui-même est certain... —

En conséquence, et avec l'autorisation de mes chefs, je vous charge tous deux de veiller sur mon enfant...

— C'est là une tâche sacrée ! — Sa vie est en jeu...

— Ah ! — soyez tranquille, monsieur Raymond, — s'écrièrent les agents, — nous saurons nous montrer dignes de votre confiance...

— Nous ne perdrons pas de vue le jeune homme un seul instant, vous pouvez y compter ! — ajouta Vernier.

— C'est ce qu'il faut !... — Vous allez aller vous installer à Port-Créteil, et chacun de vous se logera dans l'une des deux auberges qui sont sur le chemin de halage, non loin de la maisonnette qu'habite mon fils. — Vous vous partagerez la surveillance de manière à ce qu'elle ne soit jamais interrompue, ne fût-ce que cinq minutes.

— Elle ne le sera pas... — nous ferons bonne garde...

— Quand Paul sortira, vous le suivrez... — Si des étrangers viennent se mettre en rapport avec lui, tâchez de savoir ce qu'ils sont, d'où ils viennent, ce qu'ils veulent... mais le point capital est d'être toujours assez près de mon fils pour lui porter secours, si un danger surgissait à l'improviste...

— C'est entendu, nous y serons... — Dormez en paix, monsieur Fromental, nous vous répondons de M. Paul.

— Là-bas vous aurez l'air de deux bons bourgeois, de deux petits commerçants qui viennent passer quelques jours à la campagne pour se reposer, pour respirer le bon air... — Naturellement vous vous rencontrerez et vous paraîtrez faire connaissance, entraînés l'un vers l'autre par une commune sympathie... Cette précaution prise, personne ne pourra s'étonner de vous voir causer ensemble...

— Nous arrangerons cela pour le mieux... — La petite comédie sera bien jouée...

— Paul aime la pêche... C'est à Créteil sa principale ou pour mieux dire sa seule occupation. — Vous vous ferez pêcheurs pour vous rapprocher de lui.

— Taquiner le goujon, ça ne me déplaira pas ! — fit Vernier en riant.

— D'autant que la friture a du bon, — ajouta le second agent.

— Devrons-nous surveiller votre maison la nuit ?

— Jusqu'à dix heures du soir seulement... — A cette heure tout le monde est couché là-bas... — La façon de procéder des assassins me porte à croire que le danger n'est point à la maison, mais au dehors, dans une rencontre et surtout, — notez bien ceci, — dans quelque rendez-vous donné... dans quelque piège habilement tendu. — Vous pourrez donc après dix heures cesser votre surveillance, pour la reprendre dès le lendemain à la pointe du jour...

— Dès le *Patron-Minette* nous serons debout, et même plutôt...

— Je donnerai du reste le mot à Madeleine, ma vieille et dévouée servante.... — Vous pourrez vous mettre en rapport avec elle, mais discrètement. — Ce qu'il faut éviter, c'est de faire ostensiblement faction près de la maisonnette, ce qui ne manquerait pas d'être remarqué et commenté.

— Il est certain que, là-bas, on nous regardera...

— Vous êtes adroits... Vous saurez vous arranger de manière à ce qu'on ne soupçonne rien...

— Nous tâcherons et, s'il plaît à Dieu, nous réussirons...

— Encore un mot : — Vous verrez souvent avec mon fils un grand garçon de dix-neuf ans, de mise singulière, il se nomme Jules Boulenois et dans le pays on l'a surnommé *La Fouine*... Celui-là ne doit point vous préoccuper. — C'est un ami, et sa consigne est la même que la vôtre...

Vernier tira de sa poche un carnet et un crayon.

— Vous avez dit *Jules Boulenois*, surnommé *La Fouine*? — fit-il.

— Oui...

— Je prends note.

— C'est un Parisien... Un bohème, mais un honnête garçon... il ne demande rien, ne fait de tort à personne et vit de sa pêche.

— C'est écrit. — Quand devrons-nous partir ?...
— Dès ce soir vous irez vous installer là-bas.
— Parfait !... Seulement...

Vernier s'interrompit en se grattant l'oreille.

— Seulement ? — répéta Fromental.
— Dame !... — murmura l'agent avec un embarras visible, — il y aura des petits frais à faire, et... et...
— Compris ! — dit Fromental en souriant, — j'allais traiter ce côté de la question.

Il ouvrit le tiroir-caisse de son bureau, y prit un rouleau d'or qu'il déplia et dont il fit deux parts.

— Voici pour chacun de vous cinq cents francs... — continua-t-il ; — cela suffira pour vos premiers frais... — Si la situation se prolonge, nous aviserons... Prenez...

Les agents ne se le firent pas répéter deux fois, et empochèrent avec une satisfaction manifeste.

Raymond poursuivit :

— Une dernière recommandation : — soyez toujours bien armés...
— Ça va de soi ! — répondit Vernier. — Revolver bul-dog, couteau solide et canne plombée, nous ne marchons pas sans ça !...

En ce moment on entendit la porte de l'appartement s'ouvrir et se refermer.

— Voici mon fils... — dit Fromental en se levant, — inutile qu'il vous voie. — Passez par ici...

Et après les avoir fait sortir par une issue donnant sur l'escalier, il vint rejoindre Paul.

— Père ! — s'écria ce dernier, — laissez-moi vous embrasser ! — Vous voilà donc libre enfin !... complètement libre !...

Le père et le fils échangèrent une affectueuse étreinte, puis Raymond répondit :

— Libre, oui, mon enfant, mais chargé d'une terrible tâche !

— Dont j'aurai largement ma part ! — reprit Paul. — Je l'ai juré à madame de Chatelux ! — Quelle joie si je pouvais contribuer à lui rendre Fabien vivant !... Dans tous les cas je veux participer à l'arrestation des infâmes qui l'ont si cruellement frappée...

— Je comprends ton désir, cher Paul, mais je ne puis l'approuver... — Tu me laisseras agir seul...

— Pourquoi ?

— Parce que tu n'es point fait à ce métier tout de ruses, de déguisements, d'embuscades, de combinaisons... — Tu sais d'ailleurs — (ce qui a été dit là-bas en ta présence a dû te le prouver), — que tu es en danger toi-même...

— Je sais cela, oui mon père, mais qu'importe ? — Ce danger personnel je le braverai de grand cœur pour vous aider à atteindre votre noble but !...

— Tu ne le braveras pas, mon enfant ! — Je t'en

prie, je t'en supplie, ne neutralise point mes efforts... ne paralyse point mes facultés ! — S'il me fallait sans cesse me préoccuper de toi, trembler pour toi, je ne serais plus moi-même, je perdrais toute lucidité, toute énergie, et j'échouerais misérablement...

— Comment voulez-vous que, sachant ce qui se passe, je reste inactif?

— Je désire que tu m'obéisses... je fais mieux que le désirer, je t'impose l'obéissance, non seulement au nom de mon autorité paternelle, mais encore et surtout au nom de notre mutuelle tendresse !

— Eh bien! père, j'obéirai... — Mais l'inaction à laquelle vous me condamnez sera pour moi un supplice au-dessus de mes forces !...

— L'idée de te voir aller au-devant du péril qui te menace serait au-dessus des miennes et j'ai besoin de les conserver !... — Je veux que tu vives !... — Songe que tu es l'une des deux dernières victimes qu'il faut à ces monstres! — Tu es condamné par eux !... ils te suivent pas à pas, sans doute, comme ils ont suivi les autres, guettant leur proie, prêts à la saisir! — Cette proie, je la leur arracherai ! — Comment, à l'heure où j'entre après tant d'années en possession de ma liberté reconquise, on me prendrait mon fils, on me tuerait mon fils ! ! — Allons donc!... — Cette seule pensée met le trouble dans mon cerveau ; tu vois donc bien, cher enfant, que t'exposer serait m'anéantir ! ! — Comprends-tu cela ?...

— Je le comprends, et vous me trouverez docile...
— J'attendais cela de toi, et je te remercie...
— Que faut-il faire ?
— Tu passeras cette nuit ici, et demain, au grand jour, tu retourneras à Créteil... — Sors peu... — Défie-toi de ton ombre... — Regarde comme un ennemi probable, comme un assassin possible, le premier venu qui se trouvera sur ton chemin et qui, sans être connu de toi, t'adressera la parole... Longtemps avant le crépuscule, viens au logis rejoindre Madeleine... Même en plein soleil ne t'éloigne pas trop du logis... — Je ne puis te condamner à une reclusion absolue, mais je voudrais pouvoir le faire.

— Je ne suis plus un enfant ! je saurai me garder.
— Oui, je te sais prudent et cela me rassure, un peu... — Redouble de prudence !... — La Fouine est là-bas... — Je le connais, ce jeune pêcheur dont tu m'as parlé... C'est un brave et digne garçon... Ne sors qu'avec lui... — A la pêche, c'est une grande sécurité d'être deux...

— Oui, père...
— Ne sors jamais de la maison sans avoir un revolver dans ta poche, et n'hésite pas à en faire usage si

tu te trouves en face d'un danger... — Même quand on ne tue pas ses agresseurs le bruit les épouvante et le secours arrive...

— Je suivrai religieusement toutes vos prescriptions...

— Cher enfant, je te remercie... — Maintenant allons dîner, car il faut que je retourne à la préfecture...

Le père et le fils sortirent ensemble et s'attablèrent dans un modeste restaurant des environs.

Une heure après, Paul rentrait seul au logis de la rue Saint-Louis-en-l'Ile, et Fromental se faisait introduire dans le cabinet du préfet de police.

— Pas de réponse encore, — lui dit ce dernier.

— Il n'y a point péril en la demeure, monsieur le préfet, et pour se renseigner il faut le temps, — répliqua Fromental. — Je crois cependant que la dépêche de Nîmes ne peut tarder beaucoup maintenant...

— Je le crois comme vous, et je vous donne le conseil d'attendre à la préfecture... — je vais faire mettre à votre disposition le cabinet de mon secrétaire...

Au moment où le haut fonctionnaire allait donner l'ordre, un huissier entra et déposa devant lui, sur le bureau, une dépêche qu'il s'empressa d'ouvrir.

Raymond s'était rapproché.

Le préfet lut à haute voix :

« *Directeur pénitencier de Nîmes à préfet de Police.*

» Pascal Saunier, né à Paris, libéré le 23 mai, en même temps qu'un nommé Jacques Lagarde, docteur médecin, originaire de Joigny. — Ont été vus ensemble à Nîmes dans la journée de leur délibération. — Sont partis le soir ensemble par chemin de fer. »

— Mais cela ne nous apprend rien !! — s'écria Raymond avec un immense désappointement ; — *partis par chemin de fer !!* — quel chemin de fer?

— Ces hommes n'ayant pas été mis par jugement sous la bienveillance de la haute police, et le séjour d'aucune ville ne leur ayant été interdit, il n'y avait point de raison pour se préoccuper de la direction qu'ils prenaient.

— C'est vrai, mais enfin tout manque, jusqu'au signalement demandé...

L'huissier entra pour la seconde fois, apportant une deuxième dépêche.

— Encore de Nîmes, — dit le préfet de police en l'ouvrant. — Elle contient le signalement de Pascal Saunier, — ajouta-t-il.

— En effet le signalement, relevé sur les registres d'écrou du pénitencier, était inscrit en détail.

— Point de signes particuliers ! — murmura Raymond, — c'est comme si je n'avais rien... — Tous les jeunes gens de vingt-sept ans se ressemblent sur un passeport, sauf la couleur des cheveux, de la barbe et des yeux, et à moins d'être d'un rouge vif, la barbe et les cheveux n'attirent l'attention de personne... Encore, dans ce cas, peut-on les teindre...

— La dépêche se termine par cette phrase, — reprit le préfet. — *Demain pourrai sans doute indiquer l'endroit où est allé Jacques Lagarde, intime ami de Pascal Saunier.*

— Attendons à demain, — fit Raymond.

XXXV

— Pensez-vous donc — demanda le haut fonctionnaire à Raymond — pensez-vous donc trouver dans les renseignements venus du pénitencier des indices qui pourront vous conduire à un résultat ?

— Je compte sur ces indices, monsieur le préfet, pour *éclairer ma lanterne*, comme on dit vulgairement, — répliqua Fromental.

— Vous soupçonnez ce Pascal Saunier ?

— Je fais mieux que le soupçonner, je l'accuse.

— Et vous établissez votre accusation sur des bases solides, sur des faits, et non sur des calculs de probabilités ?

— Je la base sur des certitudes morales, sur le passé de l'homme.

— Ainsi, selon vous, le libéré de Nîmes est le voleur du testament du comte de Thonnerieux ?

— Oui, monsieur le préfet.

— L'assassin des victimes dont le sang versé crie vengeance ?

— L'assassin, oui ; aussi bien que le voleur...

— Mais comment a-t-il pu, mieux que tout autre, commettre ces crimes ?

— Pascal Saunier a été pendant deux ans le secrétaire intime, presque le confident du comte de Thonnerieux...

Il suffit de ces mots pour porter la lumière dans l'esprit du préfet de police qui comprit à l'instant.

— Vous avez raison ! — s'écria-t-il. — Jusqu'à cette heure nous avons marché à l'aventure, égarés sur de fausses pistes... — il faut savoir ce qu'est devenu ce Pascal Saunier et le suivre pas à pas depuis sa sortie de la maison centrale.

— Aussitôt en possession des détails promis, j'adresserai au directeur du pénitencier une autre dépêche.

— Que voulez-vous lui demander ?

— Si Pascal recevait des lettres de Paris, et s'il avait de l'argent en sortant de prison... — Ces deux choses seront très utiles à savoir... — Maintenant je solliciterai de monsieur le préfet l'autorisation d'aller prendre un peu de repos.

— Allez, Raymond, mais auparavant dites-moi

quelles mesures vous avez prises pour protéger contre tout péril la vie menacée de votre fils.

— J'ai chargé deux agents choisis parmi les plus intelligents de la brigade de veiller jour et nuit sur lui... — Je ne pouvais faire plus...

— Sans doute, et cela suffira. — Allez, Raymond, et à demain...

Fromental quitta la préfecture et regagna son logement de la rue Saint-Louis-en-l'Ile.

Il était brisé de fatigue et le besoin du sommeil s'imposait à lui.

Cependant, avant de se coucher, il entra dans la chambre de son fils.

Paul dormait d'un calme sommeil.

Ses lèvres étaient souriantes.

Raymond éprouva une sensation de soulagement infini, et à son tour il alla dormir.

Pascal Saunier, nous le savons, avait remis au lendemain son départ pour Joigny.

L'express qui devait le conduire dans le département de l'Yonne partait à dix heures vingt.

A dix heures précises Pascal arrivait à la gare, emportant la reconnaissance du mont-de-piété derrière laquelle il avait imité la signature de Marthe de manière à tromper même des experts en écritures, et après avoir recommandé à Jacques Lagarde de se préoccuper de son prisonnier du *Petit-Castel*

Il quittait le train à deux heures seize minutes et s'engageait dans la grande avenue bordée de tilleuls qui conduit à la ville, avenue qu'on nomme le *Faubourg du Pont* et dans laquelle se trouvait l'hôtellerie du *Martin-Pêcheur* avec laquelle nous avons fait connaissance dans la première partie de notre récit.

Pascal franchit le seuil de l'auberge.

Le patron se trouvait dans la salle du café.

En voyant entrer le jeune homme il le reconnut du premier coup d'œil, et s'écria, en allant à sa rencontre, les deux mains tendues :

— Eh ! mais, c'est vous, monsieur Rambert !... — Soyez le très bien venu !... Quel bon vent vous amène à Joigny ?...

— Ce n'est pas un bon vent, cher monsieur, c'est un simple hasard, — je viens dans votre ville pour affaire imprévue...

— Quant au docteur Thompson, je ne vous demande pas de ses nouvelles !... Grâce à Dieu, je sais qu'il va le mieux du monde, ce cher docteur !

— Avez-vous donc entendu parler de lui ?...

— Nous croyez-vous donc si loin de Paris que le bruit de ses succès n'arrive pas jusqu'à nous ? — Nous recevons les feuilles publiques, monsieur Rambert, nous les lisons, et quand j'y vois chaque jour le nom du docteur Thompson, le grand spécialiste, accompagné des éloges les plus pompeux et les plus mérités, je suis fier d'avoir logé dans ma maison un pareil homme, et surtout d'avoir eu l'honneur de lui serrer la main !...

— En effet, le docteur a fait sensation... — Son grand mérite est universellement reconnu, même par ses rivaux... — Il a la vogue...

— La vogue ça rapporte !... — Le docteur doit gagner de l'argent gros comme lui ?...

— Il gagne tout ce qu'il veut, mais son désintéressement est extrême...

— Je sais ça... — il nous l'a bien prouvé ici même... — C'est un homme comme on n'en voit guère !... — Et mam'zelle Marthe Grandchamp, la chère demoiselle, comment va-t-elle ?

— Elle va bien...

— Toujours aussi belle ?

— Plus encore peut-être...

— Et toujours triste, sans doute ?

— Un peu, oui... malgré les soins et l'affection dont on l'entoure...

— Ah! oui, on doit l'entourer de soins et d'affection... Il est si bon, le docteur !!... Mais je bavarde, je bavarde comme une vieille pie, et je ne vous demande seulement pas si vous avez besoin de quelque chose... — D'abord, avez-vous déjeuné ?

— Je n'ai pris qu'une tasse de chocolat avant de partir, et je meurs littéralement de faim...
— Que faut-il vous servir !...
— Ce que vous aurez de tout prêt...
— Un morceau de viande froide, alors, et une omelette ?
— Ce sera parfait ! — Nous causerons ensuite...

Cinq minutes après, Pascal s'asseyait devant une table servie et mangeait de grand appétit.

Tout en le regardant fonctionner, l'aubergiste multipliait les questions au sujet du docteur Thompson et de Marthe Grandchamp.

Pascal répondait avec une complaisance inépuisable, puis tout à coup et sans transition, il dit :

— Un renseignement, je vous prie...
— Qu'est-ce que vous voulez savoir ?
— Vous avez ici un mont-de-piété...
— Bien entendu... — fit l'aubergiste un peu surpris de la question. — Est-ce que vous avez affaire au mont-de-piété ?
— Oui.
— Ce n'est pas au moins parce que vous avez oublié de prendre assez d'argent en partant de Paris ?
— Un oubli, n'est-ce pas, c'est facile à comprendre quand on a des préoccupations dans la tête ? — Ma bourse n'est pas grosse, mais, telle quelle, je la mets à votre entière disposition...

— Merci mille fois de votre offre obligeante dont je suis touché, mon cher hôte, mais je n'en profiterai point... — C'est, non pour moi que je veux aller au mont-de-piété, mais pour un de mes amis qui, de passage dans votre ville et se trouvant gêné, a emprunté quelque argent sur un objet auquel il tient beaucoup... — Sachant que je venais à Joigny, il m'a prié de dégager cet objet...

— Très bien ! très bien ! mais je regrette de n'avoir pas cette occasion de vous obliger...

— Je vous en sais autant de gré que si j'acceptais vos services... — Dites-moi donc où se trouve le mont-de-piété... Voilà ce que je voulais savoir...

— Dans la haute ville... place du Marché.

— Grand merci.

Pascal ayant terminé son déjeuner et pris son café, se leva.

— Passerez-vous la nuit ici ? — lui demada l'aubergiste.

— Il faudrait pour cela que je n'aie pas terminé mes affaires, ce qui me paraît improbable. — Je vous le dirai d'ailleurs en revenant.

Et l'ex-secrétaire du comte de Thonnerieux prit le chemin de la haute ville.

En moins de vingt minutes il eut franchi la distance qui le séparait des bureaux du mont-de-piété.

Là il présenta la reconnaissance à l'employé chargé du service des dégagements.

Cet employé établit le compte des frais et des intérêts et indiqua la somme à payer.

Pascal versa cette somme.

L'employé lui remit un bulletin contenant reçu, et lui dit :

— Demain, à partir de neuf heures du matin, le gage sera à votre disposition...

— Quoi — s'écria Pascal surpris et ennuyé — vous ne me le donnez pas tout de suite?

— Non, monsieur...

— Pourquoi?...

— L'heure réglementaire de la fermeture est passée, et M. le directeur vient de partir. — Or, lui seul a qualité pour vous remettre votre nantissement...

— Mais à Paris...

— Nous ne sommes point à Paris, monsieur, nous sommes à Joigny...

Insister eût été absurde autant qu'inutile.

Pascal se garda bien de le faire et très désappointé retourna à l'hôtellerie du *Martin-Pêcheur*, où il prévint qu'il coucherait et qu'il fallait par conséquent lui préparer une chambre.

Ceci causa la joie la plus vive à l'aubergiste.

— Nous souperons ensemble ce soir, monsieur

Rambert!! — fit-il en se frottant les mains, — et nous sécherons deux ou trois vieilles fioles du vin de la côte Saint-Jacques que vous avez trouvé si bon lors de votre séjour ici, il y a trois mois!

— Entendu! — répondit Pascal.

**

Rejoignons Raymond Fromental.

Nous l'avons vu, la veille au soir, franchir le seuil de la chambre de son fils endormi, puis rentrer dans la sienne pour dormir à son tour.

Mais, avant de se mettre au lit, il s'assit devant son bureau et, quoique brisé de fatigue, il écrivit une longue lettre à Madeleine.

Il lui faisait des recommandations multipliées au sujet de Paul et lui annonçait, en outre, la visite de Vernier, un des deux agents chargés par lui de veiller sur son fils.

Cette lettre achevée il se déshabilla rapidement, se coucha, et au bout de quelques secondes le sommeil lui fermait les yeux.

Le lendemain il s'éveilla tôt, et par conséquent se leva de bonne heure.

Paul était déjà debout.

Raymond lui donna quelques derniers conseils et le conduisit jusqu'à une station de voitures où le jeune homme prit un fiacre qui devait le conduire à Charenton.

Là, il suivrait le bord de l'eau pour se rendre au port de Créteil.

Vernier et son camarade s'étaient conformés de point en point aux instructions de Fromental.

Vêtus en bons bourgeois jouissant d'une honnête aisance, ils s'étaient installés chacun dans une des deux auberges situées sur le chemin de halage où elles servent le dimanche, de lieu de rendez-vous aux promeneurs et aux pêcheurs habitués de ces parages.

Le matin, les deux agents se rencontraient — *par hasard*, — sur la berge.

Là, en présence de plusieurs naturels du pays, ils faisaient connaissance et, tout en se promenant et en causant étudiaient le village et d'une façon spéciale la maisonnette louée par Raymond.

La Fouine rôdait aux alentours.

Il attendait que la vieille Madeleine fût levée pour lui demander si m'sieu Paul était de retour.

Les agents virent le jeune bohème, et le reconnurent, aussitôt pour le brave garçon signalé par Fromental.

Ayant entendu quelque bruit dans l'intérieur de la petite villa, la Fouine se décida à sonner.

La vieille Madeleine vint lui ouvrir.

— Avez-vous vu mon jeune maître ? — lui demanda-t-elle.

— M'ame Madeleine, votre question me prouve qu'il n'est pas revenu.

— Pas encore, mais cela ne m'inquiète point, je sais qu'il est avec son papa...

— Eh bien ! — dit la Fouine, — je reviendrai tantôt... Il se sera amené pour sûr et je lui proposerai une partie de pêche...

— C'est ça, mon garçon...

— A tantôt, m'ame Madeleine.

La servante referma la porte tandis que Jules Boulenois allait flâner du côté des *Sapines*.

Il mourait d'envie de pêcher, mais il voulait attendre Paul, ayant rêvé au genre de surveillance dont il pourrait l'entourer.

— En l'accompagnant à la pêche tous les jours, et en le reconduisant chez lui tous les soirs, — se disait-il, — ça sera bien le diable si quelqu'un peut l'approcher et lui parler sans que je le sache.

Raymond Fromental, après avoir mis son fils en voiture, s'était rendu à la préfecture de police.

Il fallut attendre jusqu'à près de midi l'arrivée de la dépêche.

Elle contenait ceci :

« Pascal Saunier, le soir de sa libération, a pris des billets avec Jacques Lagarde, son codétenu et camarade très intime, pour Joigny (Yonne), lieu de naissance de Jacques Lagarde. »

— Bravo! — s'écria Raymond avec joie, — voici qui donne déjà un commencement de fil conducteur! — Le camarade de Pascal est originaire de Joigny... — Les deux libérés y sont allés ensemble... — J'irai à Joigny...

— Qu'y ferez-vous?.— demanda le préfet...

— J'espère bien y relever une piste que je suivrai alors facilement et dont je ne me laisserai détourner par rien au monde. — Les deux bandits n'ont pas dû se quitter... — Je suis certain qu'ils auront échafaudé ensemble leur complot.

— Mais vous ne pensez pas les trouver à Joigny?

— Assurément non!... — Qu'y feraient-ils ? — Ils sont à Paris, c'est certain, seulement dans quel coin de Paris les chercher et mettre la main sur eux ?...

— Cela, je ne puis le deviner, mais ils ont dû laisser à Joigny, sans le savoir, des traces que je relèverai et qui m'amèneront jusqu'à leur gîte actuel. — Avant de partir il me faut des renseignements supplémentaires... — Je demande à monsieur le préfet l'autorisation d'écrire ici même, comme hier; une dépêche en son nom...

— Faites...

Raymond traça les lignes suivantes :

« *Prière indiquer si Pascal Saunier et Jacques*

Lagarde recevaient de Paris lettres et subsides. — Faire savoir, si possible, les noms des personnes qui écrivaient. — Les deux libérés, en sortant de prison, avaient-ils de l'argent, et quelle somme ? »

Fromental lut au préfet de police et lui fit approuver la dépêche que nous venons de reproduire, puis il la porta au bureau télégraphique qui la transmit immédiatement.

La réponse se fit attendre.

Elle n'arriva qu'à cinq heures du soir, mais elle remplit Raymond de joie et d'espoir, — espoir partagé d'ailleurs par le haut fonctionnaire.

XXXVI

Cette réponse était ainsi conçue :

Pascal Saunier recevait lettres et petites sommes d'argent de Paris, envoyées par femme se disant sa parente et s'appelant Angèle Mortin. — Jacques Lagarde ne recevait d'habitude ni argent ni lettres ; mais quelques semaines avant libération, reçu lettres de notaire de Joigny pour affaires. — Ignore nom du notaire. — Sortis de maison centrale Saunier avec trois cents francs, Lagarde avec cinq cents. »

— Vous le voyez, monsieur le préfet, — s'écria Raymond dont le regard étincelait, — voilà qui nous donne des indices et nous permet d'agir... — Il faut faire rechercher cette Angèle Mortin. Il est bien probable que la première visite du libéré en arrivant à Paris aura été pour elle. — Songez donc, une poule aux œufs d'or !...

— Allez-vous partir pour Joigny ?
— Oui, monsieur le préfet.
— Quand ?
— Ce soir si je peux prendre un train. — Dans tous les cas demain matin à la première heure...
— Je vous prierai de vouloir bien me remettre un mot d'introduction pour le parquet de Joigny, afin que je puisse obtenir de lui une assistance dont j'aurai certainement besoin...
— Je vais vous donner ce mot.

Et il écrivit quelques lignes tandis que Raymond consultait un *Indicateur des chemins de fer* qu'il trouva sur une table.

Le train le plus proche était l'express de huit heures du soir. — Il n'arrivait à Joigny qu'à dix heures cinquante-six minutes.

C'était trop tard pour commencer les recherches, cependant Fromental résolut de prendre ce train afin d'être à même de se présenter au procureur de la République le lendemain de bonne heure, et de réclamer le concours d'un commissaire de police pour commencer son enquête.

— Que décidez-vous ? — demanda le préfet en remettant à Fromental la lettre qu'il venait de signer.

— Je pars ce soir.

— Très bien... — Voici pour vos frais de voyage et de recherches, — ajouta le haut fonctionnaire en

mettant un rouleau d'or dans la main de Raymond.
— N'épargnez rien ! — Il nous faut, à tout prix, le succès ! — Je vais donner des ordres pour que dès aujourd'hui on s'occupe d'Angèle Mortin.

Fromental prit les dépêches dont l'une contenait le signalement de Pascal, et partit, plus joyeux qu'il ne l'avait été depuis des années.

Il se croyait absolument certain de tenir une piste, et une bonne !...

Quoique ne devant rester absent que quelques heures, il passa chez lui pour y prendre un pardessus et un sac à main, dîna rapidement et se rendit au chemin de fer de Lyon.

A huit heures précises, l'express l'emportait loin de Paris à toute vapeur.

Nous le laisserons aller et nous retournerons au *Petit-Castel*, où le fils de la comtesse de Chatelux subissait la plus arbitraire de toutes les séquestrations.

Après la crise de rage et de sombre désespoir à laquelle nous avons assisté, Fabien était tombé, ou plutôt s'était abattu sur son lit, tremblant de fièvre, la tête en feu, les oreilles remplies de bourdonnements.

Un sommeil lourd, presque semblable à une léthargie, s'empara de lui, et ce ne fut qu'au bout de bien des heures qu'il se réveilla.

Quand il rouvrit les yeux, la fièvre avait disparu complètement.

Sa pensée était calme, son esprit lucide.

Il se souvenait de tous les incidents antérieurs à son emprisonnement.

Un regard jeté autour de lui suffit pour lui prouver qu'il était toujours dans la cave dont la fraîcheur un peu humide le pénétrait jusqu'aux moelles.

Un à un, minutieusement, il se rappela les faits qui s'étaient succédé avant son arrivée dans cette demeure inconnue, et il conclut que le docteur Thompson voulait se venger de lui.

Il lui paraissait invraisemblable que son emprisonnement dût être de longue durée. — Une fois qu'il serait libre, le médecin américain aurait un trop rude compte à rendre aux tribunaux français !

De nouveau l'idée qu'on pouvait en vouloir à sa vie lui traversa l'esprit, mais il ne l'accueillit pas plus que la première fois.

On ne pouvait avoir résolu sa mort puisqu'on avait pris des précautions pour qu'il ne mourût point de faim.

Fabien s'approcha de la petite table.

Elle supportait du pain, du vin, de la viande froide, des fruits et des pâtisseries.

— Allons, — se dit-il en appelant sur ses lèvres

un sourire un peu contraint, — tout ceci n'est qu'une plaisanterie !... On veut me faire peur ! — C'est de bien mauvais goût, mais ce n'est pas inquiétant...

Il vit un flacon rempli d'un liquide d'une belle couleur jaune d'or, et l'ayant débouché il l'approcha de ses narines.

— De l'huile à brûler !... et voilà des veilleuses... — murmura-t-il en regardant la boîte apportée par Angèle. — Cela semblerait prouver qu'on se propose de continuer mon emprisonnement... — Alors, mettons de l'huile dans la veilleuse et changeons de mèche...

Le jeune homme, — croyant de la meilleure foi du monde à une plaisanterie, — commençait à prendre la chose gaiement.

Une seule pensée l'obsédait, celle-ci : — les inquiétudes de sa mère devaient être mortelles.

Il avait entouré de mystère ses visites à la pupille du docteur Thompson. La comtesse ne savait rien de son amour, il lui serait donc impossible de supposer un motif admissible à son absence... — Elle allait fatalement le croire mort, victime d'un accident ou d'un crime... — et nul moyen de se mettre en communication avec elle, de la calmer par un mot !

Elle en deviendrait folle ou elle en mourrait si cette situation se prolongeait, mais se prolongerait-elle ?

Une chose rassurait un peu Fabien à ce sujet.

Naturellement il ne soupçonnait ni Angèle ni Marthe d'être les complices du docteur et d'avoir prêté la main à ce qui se passait ; donc elles ne manqueraient point de venir à son secours et de le délivrer.

— Depuis combien de temps suis-je ici ? — se demanda-t-il tout à coup en arrangeant la veilleuse, — l'huile est presque épuisée... la mèche charbonnait... — Cela prouve qu'un temps déjà pas mal long s'est écoulé...

Le jeune homme tira sa montre de son gousset et regarda l'heure.

Les deux aiguilles se trouvaient réunies sur le chiffre douze.

— Midi, ou minuit ? — murmura-t-il en approchant la montre de son oreille pour s'assurer qu'elle n'était point arrêtée.

Elle marchait.

— Ce doit être midi... — poursuivit Fabien. — J'étais ici hier soir à onze heures passées... — J'ai dormi pendant bien des heures !... — Du reste mon estomac me prouve qu'il est tard, en criant famine... — Voyons, il s'agit d'être philosophe !... Si c'est une plaisanterie, comme je n'en doute pas, elle aura un terme prochain... — Si, au contraire, j'ai affaire à un ennemi, je l'attends de pied ferme !...

« Commençons d'abord par inspecter mon cachot improvisé..

Et le jeune homme, soulevant la veilleuse, s'en servit pour s'éclairer en inspectant tous les coins du cellier.

— C'est parfaitement une cave dont les ouvertures ont été murées... — se dit-il. — Pourquoi murées?

» Ce ne peut-être à coup sûr dans la prévision que j'y serais un jour enfermé !

» Une porte doublée de fer, d'une effroyable solidité et sans serrure apparente !

» Tout cela est très bizarre, très mystérieux, parfaitement incompréhensible !...

» Et là, qu'est-ce que je vois ?

» Oh ! oh ! un anneau de fer, une sorte de carcan, scellé dans la muraille et muni de chaînes ! !...

» Ma parole d'honneur, c'est du pur mélodrame tout ça ! — J'ai l'air d'être dans un des cachots de la *Tour de Nesle*... Est-ce que je serais *Buridan*, par hasard? — Je demande à voir *Orsini* et *Marguerite de Bourgogne*... Marguerite de Bourgogne surtout... Mais, voilà ! ils ne sont là ni l'un ni l'autre, et me laissent me morfondre tout seul !

» J'aurais d'ailleurs tort de me plaindre... On a été gentil pour moi, puisqu'on m'a fait grâce du carcan et des chaînes... — ce qui n'empêche pas que le mystère se corse puisqu'on a métamorphosé cette cave en cachot, et même en *cachot moyen âge*, à mon intention cela saute aux yeux !

Tout en monologuant, Fabien continuait son inspection.

— Une paillasse... un matelas... des draps... des couvertures... — Je les aurais bien supportées cette nuit, les couvertures, car je suis gelé !...

» On m'a laissé de la nourriture, mais elle s'épuisera vite, et il faudra bien qu'on m'en apporte d'autre, et de celui qui me l'apportera j'obtiendrai, de gré ou de force, de explications.

» Si j'appelais ?

» Peut être aujourd'hui me répondrait-on ?

» Mais non... Marthe et Angèle sont certainement retournées à Paris par ordre du docteur... Je n'ai en ce moment qu'une chose à faire, manger pour tuer le temps et surtout pour satisfaire mon estomac qui crie ! »

Fabien s'approcha de la petite table ; au moment de l'atteindre, il s'arrêta.

— Si ces aliments étaient empoisonnés ? — se dit-il.

Un petit frisson courut sur sa chair.

— Décidément, je suis fou ! — continua-t-il au bout d'une seconde en haussant les épaules. — C'est ça qui serait un crime inutile ! — Personne au monde n'a d'intérêt sérieux à se défaire de moi, et la jalousie même ne pousserait pas le docteur Thompson à une action si lâche et si infâme !

Le jeune homme posa la veilleuse sur la table, prit la chaise qu'on avait apportée pour son usage, se cassa du pain et entama un morceau de poulet froid.

Du reste, son appétit était plutôt apparent que réel ; — il mangea peu ; juste de quoi apaiser les tiraillements de son estomac : il but un demi-verre de vin, et il se jeta sur le lit pour réfléchir à son étrange situation.

Ses deux mains jointes soutenant sa tête, il rêvait.

Tout à coup son attention fut attirée par un bruit sourd qui se faisait entendre juste au-dessous de lui.

Il s'appuya sur son coude et prêta l'oreille.

Le bruit continuait ; — il était d'une nature singulière.

On eût dit une masse d'eau souterraine courant dans de larges tuyaux.

— Qu'est-ce que cela ? — se demanda Fabien.

Et il redoubla d'attention.

Non seulement le bruit ne cessait pas, mais il semblait grandir.

Monsieur de Chatelux se leva d'un bond, tira son

10.

lit au milieu du caveau et regarda, mais les ténèbres noyaient le sol.

Il alla prendre alors la veilleuse pour s'éclairer et, se penchant, il aperçut à fleur de terre une très large dalle de granit.

Au milieu de cette dalle se trouvait une entaille ronde fermée par une pierre plate arrondie, percée à son point central d'un trou de cinq centimètres.

Cela ressemblait à une bouche d'égout close par sa plaque de tôle. — Seulement, ici, une pierre remplaçait la tôle.

Fabien, introduisant ses doigts dans l'ouverture centrale, voulut soulever cette sorte de rondelle granitique.

Il n'en vint point à bout, la rondelle étant scellée avec du ciment; mais il entendait l'eau courir à une faible distance, et par le trou de la pierre il percevait une clarté.

— C'est une conduite d'eau — se dit-il — d'où vient-elle?

Ce que le jeune homme ne pouvait s'expliquer à lui-même, nous allons l'expliquer à nos lecteurs.

La propriété possédait, au milieu d'une de ses pelouses, une assez vaste pièce d'eau qu'alimentait le bras de la Marne coulant à droite du petit parc.

Par cette conduite placée sous l'habitation s'écoulait dans le bras gauche le trop-plein de la pièce d'eau et de la rivière artificielle.

La bouche d'égout en granit avait été installée au milieu de la cave afin de pouvoir descendre dans la conduite après les fortes inondations pour la nettoyer.

— Il y a là une issue, — pensa Fabien, — la pierre est cimentée, mais avec un couteau il me sera facile d'enlever le ciment, et alors elle cédera.

A cette minute précise un autre bruit, d'une nature toute différente, frappa l'oreille du jeune homme.

C'était un bruit de pas.

On venait à lui.

Ce ne pouvait être que pour le délivrer.

Fabien repoussa vivement le lit et replaça la veilleuse sur la table.

La porte s'ouvrit et le docteur Thompson, tenant d'une main une petite lampe et de l'autre un panier, apparut sur le seuil.

Il était d'une pâleur effrayante.

— Ah ! c'est vous, monsieur ! — s'écria le jeune comte de Chatelux ; — je vais donc enfin connaître le but de cette odieuse plaisanterie ! — Remarquez que je veux bien, en ce moment, appeler ainsi votre action, mais qu'elle mériterait un autre nom plus sévère !

— Je vais vous apprendre ce que vous désirez savoir... C'est même pour cela que je suis ici, — répondit froidement Jacques en plaçant la lampe sur la table et le panier sur le sol.

— Et c'est dans cette cave transformée en prison que vous prétendez vous expliquer avec moi? — demanda Fabien.

— C'est dans cette cave.

— Vous vous trompez, car je n'y resterai pas une minute de plus.

Et le jeune homme s'élança vers la porte entrebâillée.

Mais il se trouva en face de Jacques qui, d'un seul élan s'était placé entre la porte et lui, et qui dirigeait vers sa poitrine le canon d'un révolver.

— Si vous faites un pas de plus vous êtes mort ! — dit le pseudo-Thompson.

— Ce que j'appelais une plaisanterie est donc un guet-apens ?...

— C'est ce que vous voudrez, — je ne discute pas sur les mots !... — Vous n'avez qu'un parti à prendre... Soyez calme et causons...

— Je veux sortir d'ici !

— Vous n'en sortirez pas !

XXXVII

— Je crierai !... j'appellerai ! — reprit Fabien de Chatelux.

— Vous l'avez déjà fait ! A quoi cela vous a-t-il servi ? — répondit Jacques Lagarde. — Aujourd'hui, comme hier, personne ne viendra vous secourir !... Vous êtes mon prisonnier, mon bien, ma chose ! — Je vous ai surpris chez moi où vous veniez en larron d'honneur !... Je pouvais vous tuer... c'était mon droit ! — Si je ne l'ai pas fait, c'est que j'avais une raison de vous épargner... Cette raison, vous allez la connaître...

— Vous aviez le droit de me tuer, dites-vous !! — interrompit le jeune comte.

— Certes !...

— Me tuer parce que je venais dire à une enfant, votre protégée, votre pupille, que je l'aimais !... Est-ce là un crime qui mérite la mort ?

— Vous avez pénétré sous mon toit avec l'espoir d'y apporter la honte ! Vous comptiez qu'il vous serait facile de séduire une enfant naïve, sans connaissance du monde, dont l'unique tort à été de croire à vos paroles mensongères, à vos protestations décevantes ! Vous ne songiez point, vous, le comte de Chatelux, à faire de Marthe Grandchamp votre femme !!... — Vous vouliez faire d'elle votre maîtresse ! Heureusement j'étais là ! je veillais sur elle, et j'ai pu faire échouer vos projets odieux !...

— Vous vous trompez, monsieur, et vous me jugez indignement ! — s'écria Fabien. — J'aime mademoiselle Marthe de toute mon âme, mais je la respecte autant que je l'aime, et je venais ici, en honnête homme, lui renouveler l'offre de mon nom... et cela est si vrai qu'à ce moment, à vous son tuteur, je demande sa main !... Vous voyez bien que si j'ai commis, en venant à votre insu dans votre maison, un acte répréhensible, au moins en apparence, la réparation ne se fait pas attendre !...

— La réparation ! — répéta Jacques. — Elle est impossible !

— Pourquoi ?

— Parce que vous êtes mon rival !... — L'amour que vous prétendez éprouver pour Marthe Grandchamp est une insulte pour moi !...

— Pouvais-je supposer que vous vouliez épouser votre pupille ?...

— Vous le saviez !... on vous l'avait dit.

— On me l'avait dit, c'est vrai, mais je refusais de le croire !...

— La raison de cette incrédulité, s'il vous plait ?

— Vous avez le double de l'âge de mademoiselle Marthe !... Vous pourriez être son père !...

— L'amour naît à tout âge... — D'ailleurs, suis-je un vieillard ?

— Assurément non, mais, puisque vous aimez, vous devez admettre que j'aime aussi...

— Ce que je n'admets pas, c'est la rivalité. — Vous êtes jeune, vous êtes beau, vous portez un grand nom, vous êtes un danger pour moi, c'est à cause de cela que d'abord je songeais à vous tuer, mais j'ai reculé devant un meurtre, même légitime... Donc, je vous laisserai vivre, si vous voulez me faire un serment...

— Si c'est le serment de ne plus aimer mademoiselle Marthe, — interrompit de nouveau Fabien, — je le refuserai ! — On n'est pas maître de son cœur, et pour sauver ma vie je ne saurais mentir.

— Le serment que j'attends, que j'exige de vous, — reprit Jacques, — laisse à votre cœur sa liberté complète... Jurez-moi de ne pas chercher à revoir ma pupille à mon insu... jurez-moi ne ne point lui écrire, et de ne lui faire parvenir aucun message verbal ! — Cet engagement, vous en conviendrez, il dépend de vous de le prendre, et de le tenir, — j'attends.

Fabien semblait troublé, indécis.

— Ah ! n'hésitez pas ! — poursuivit le pseudo-Thompson avec un accent farouche. — Si vous deviez être un obstacle sur mon chemin, et le plus dangereux des obstacles, je ne serais pas assez niais pour vous laisser vivre et sortir d'ici ! — Jurez, sinon, je le jure, je vais vous faire sauter la cervelle !!

— Il le ferait comme il le dit, ce sauvage ! — pensa le jeune homme. — Il est maître absolu de la situation. A quoi bon m'entêter par dignité ?... Pour ma mère, pour Marthe elle-même, je dois sauver ma vie à tout prix... — Nous verrons plus tard... — Si Marthe le déteste et si elle m'a donné son cœur, elle saura bien refuser de devenir sa femme.

— J'attends ! — répéta Jacques Lagarde.

— Je prends l'engagement que vous me demandez, ou plutôt que vous m'imposez... — dit Fabien.

— Sur votre honneur ?

— Sur mon honneur.

— Sans arrière-pensée ?

— Oui.

— C'est bien... — et tout d'abord, monsieur, comme premier témoignage de votre bonne foi, veuillez me rendre à l'instant même le portrait de ma pupille...

Depuis le commencement de l'entretien Jacques suivait une route tortueuse dont les détours, — il en avait la conviction, — devaient le conduire d'une façon certaine à son but.

— On n'a pas trouvé sur lui la photographie de Marthe, — se disait-il, — donc il l'a laissée chez lui, non point exposée aux regards, puisqu'à coup sûr sa mère ignore son fol amour, mais bien cachée en un endroit secret... — Or, il y a cent contre un à parier que cet endroit est justement celui où se trouvait déjà la médaille... — il faut le savoir... — je le saurai.

— Le portrait de mademoiselle Marthe... — balbutia Fabien. — Mais...

— Oh! ne mentez pas, vous qui prétendez ne point savoir mentir! — interrompit violemment le pseudo-Thompson. — Vous l'avez reçu des mains d'Angèle, je le sais. — Oseriez-vous nier?...

— Non, certes... — Seulement ce portrait je ne l'ai pas sur moi..

— Où donc est-il? — A l'hôtel de Châtelux!... — s'écria Jacques.

— Oui. — Dans ma chambre...

— Comme un gage d'amour !... et tous vos amis peuvent le voir!!

— Ne croyez pas cela, monsieur!... — Laisser en vue ce portrait, c'eût été manquer de respect à mademoiselle Marthe... — il est dans un coffret...

— Qu'on peut ouvrir!...

— Non, monsieur, car j'en porte la clef sur moi... elle me quitte jamais...

— Vous parlez de respect, et sans doute l'image d'une jeune fille angéliquement pure est jetée pêle-mêle avec les photographies de vos maîtresses d'un jour !...

Fabien pâlit de colère.

— Mais quelle idée vous faites-vous donc de moi, monsieur? — demanda-t-il. — Pourquoi me supposez-vous dénué de la plus élémentaire délicatesse?...
— L'image de mademoiselle Grandchamp n'a point à redouter quelque contact indigne... — Le coffret qui la renferme ne contient avec elle que deux reliques, sacrées toutes deux, la croix d'officier de la Légion d'honneur que portait mon père, et la médaille donnée par le comte de Thonnerieux quelques jours après ma naissance...

Un éclair brilla dans les prunelles de Jacques.

Le jeune homme venait de tomber dans le piège habilement tendu.

L'associé de Pascal Saunier savait ce qu'il voulait savoir.

— Une médaille donnée par M. de Thonnerieux ?... — fit-il en jouant la surprise.

— Oui, monsieur.

— Faites-vous donc partie des héritiers du comte?

— J'en fais partie.

— Alors vous étiez venu au monde dans son arrondissement, le même jour que sa fille ?...

— Le 10 mars 1860, oui, monsieur.

— Comme Marthe ! C'est étrange !!

Une surprise plus sincère que celle de Jacques se peignit sur le visage de Fabien.

— Mademoiselle Marthe est au nombre des héritiers du comte ! — s'écria le jeune homme.

— Oui... et elle possède une médaille d'or probablement pareille à la vôtre, sur laquelle se trouvent des dates...

— Et sans doute aussi des mots, dit Fabien — comme la mienne...

— Il est certain qu'elle porte des mots... — Quels sont ceux gravés sur la vôtre ?

Cette question, quoique faite d'un air de complète indifférence, illumina comme un éclair rapide l'esprit du jeune comte.

— Misérable, — s'écria-t-il, — vous venez de vous trahir! — La lumière est faite... — c'est vous qui avez volé le testament de M. de Thonnerieux !... c'est vous qui avez assassiné les héritiers du comte pour vous emparer des médailles sur leurs cadavres !... — Vous n'avez pas trouvé la mienne quand vous me teniez évanoui, et vous voulez m'arracher mon secret !! — Je comprends tout, maintenant !! — Vous vous servez de la beauté de Marthe comme d'un appât pour les pièges que vous tendez !! — Cette fille est votre associée, votre complice !! Angèle, votre complice aussi !! — Ah! les deux infâmes créatures et le trio maudit !! — Vous m'avez attiré ici pour me dévaliser d'abord et me tuer ensuite !... — Tuez-moi donc, puisque vous avez une arme et que je n'en ai pas !

— Oui, vous êtes à ma merci, et vous êtes condamné...

— Dieu me vengera !... Il me venge déjà, puisque vous n'aurez pas les mots gravés sur la médaille.

— J'aurai la médaille elle-même !...

— Jamais !...

— Je la prendrai dans le coffret où elle se trouve en compagnie du portrait de Marthe et de la croix d'officier de votre père...

— Bandit !... vous ne la tenez pas encore ! — Ma mère la défendra contre vous !...

— Eh bien je passerai sur le cadavre de votre mère, s'il le faut !... — Au revoir, monsieur de Chatelux... car nous nous reverrons... une fois... La dernière !...

Et Jacques prenant la lampe, s'élança dehors.

Fabien voulut bondir sur la porte et, au risque de recevoir dans la poitrine une balle de revolver, l'empêcher de se refermer.

Elle était refermée déjà.

Les poings crispés du jeune homme se meurtrirent vainement sur l'armature de fer.

— Ma mère !... ma mère !... — criait le pauvre enfant en proie à un désespoir poussé jusqu'à l'affolement, — il va la tuer peut-être, le misérable... et je ne peux pas l'avertir... et je ne pourrai pas la défendre !... — Ah ! je donnerais ma vie tout entière sans une hésitation, sans un regret, en échange d'une heure de liberté ! — Il faut sortir d'ici !... il le faut !...

Mais comment ?

Brusquement le jeune comte se souvint de la découverte qu'il venait de faire au moment de l'arrivée du docteur Thompson.

Il prêta l'oreille.

Le bruit de l'eau passant rapide dans la conduite souterraine se faisait toujours entendre.

— Cette dalle arrondie résiste à mes efforts, — reprit-il, — mais le ciment seul en est cause, et le ciment n'est pas indestructible...

Il écarta de nouveau son lit, posa la veilleuse sur le sol, prit le couteau à pointe émoussée qui se trouvait avec un couvert à côté des éléments de son repas, et, s'agenouillant auprès de la bouche du déversoir, il se mit à attaquer de son mieux le ciment desséché.

C'est à peine si la lame trop faible mordait sur le scellement, mais Fabien avait le courage et la patience du désespoir et de l'amour filial.

*
* *

Jacques Lagarde était reparti pour Paris.

— Un coffret, — se disait-il chemin faisant, — un coffret placé dans la chambre du jeune comte à l'hôtel Chatelux... — C'est là qu'est la médaille !... Je veux l'avoir, et je l'aurai, quand je devrais pour cela incendier l'hôtel !!

La scène, ou tout au moins la fin de la scène qui venait de se passer entre Fabien et le docteur avait singulièrement irrité ce dernier.

Il s'était trahi juste au moment où il s'attendait à entendre sortir des lèvres de son prisonnier les mots inscrits sur la précieuse médaille. — Son orgueil se révoltait à la pensée qu'il n'avait pas su empêcher cet enfant sans expérience de le deviner.

Aussi, en arrivant rue de Miromesnil pour l'heure du dîner, était-il de l'humeur la plus exécrable.

— Eh bien ? — lui demanda Angèle, — ça va-t-il comme vous voulez ?

— Non.

— Pourquoi ?

— Parce qu'il faudra faire un visite domiciliaire à l'hôtel de Chatelux...

— Une visite domiciliaire ! — répéta Angèle, — ça sera très dangereux...

— Sans doute ! dangereux, mais indispensable...

— Au moins avez-vous un moyen ?

— J'en ai un, mais qui ne me satisfait qu'à demi..

— Pascal, à son retour, en trouvera, je l'espère, un autre moins violent...

Jacques pensait à l'incendie rêvé dans un moment de fureur.

— Nous en causerons à son retour, — ajouta-t-il.

Marthe venait de descendre.

On se mit à table.

Le pseudo-Thompson, absolument sobre d'habitude, avait fait apporter des vins capiteux et vidait sans cesse son verre.

On eût dit qu'il voulait s'étourdir et chercher dans l'ivresse soit l'oubli d'une pensée sombre, soit une audace dont, malgré lui, il ne se sentait pas capable.

Angèle l'observait mais Marthe, tout entière à la joie d'avoir vu la veille pendant quelques minutes Paul Fromental, s'absorbait dans ses pensées.

On resta longtemps à table, et ce fut seulement vers neuf heures que Jacques quitta son siège.

Les deux femmes l'imitèrent.

— Marthe... — dit Jacques dont la respiration semblait oppressée.

— Monsieur le docteur.

— J'aurais à causer avec vous...

La voix de Thompson était changée, sa parole brève et d'un accent singulier.

Il fut impossible à Marthe de ne point remarquer cela, et une inquiétude soudaine la saisit.

— Vous avez à causer avec moi, monsieur le docteur ?... — balbutia-t-elle

— Oui.

— Je vous écoute...

— Non, pas ici...

— Pourquoi ?

— Ce que j'ai à vous dire est sérieux et peut-être long... — Nous serions mal à l'aise dans cette pièce et nous risquerions d'être interrompus à chaque instant.

— Alors, passons au salon...

— Le salon ne me convient pas davantage.

— Où donc voulez-vous que nous allions ?...

— Permettez-moi de vous accompagner dans votre chambre...

— Je suis à vos ordres... — répondit non sans hésitation la jeune fille émue, tremblante, et s'étonnant de cette demande qui pouvait sembler étrange en effet à cette heure avancée déjà.

XXXVIII

Marthe prit une lumière et monta dans sa chambre.

Jacques Lagarde y entra quelques minutes après elle.

— Voyons, monsieur le docteur, — dit-elle en s'efforçant de prendre un air dégagé, malgré l'inquiétude qu'elle éprouvait, — quel doit être le sujet du long entretien que nous allons avoir ensemble ?

— Je vais vous le dire, — répliqua le pseudo-Thompson. — Asseyez-vous là... près de moi, en face de moi, et causons...

Les yeux de Jacques brillaient d'un feu bizarre ; — leur expression n'était pas la même que de coutume. — Le sang qui lui montait violemment à la tête donnait à son visage habituellement pâle une coloration d'un rouge presque violet.

Ainsi qu'il venait de le demander, Marthe s'assit en face de lui.

— Causons donc... — fit-elle avec un calme apparent.

— Ma chère enfant — commença l'associé de Pascal Saunier — vous ne pouvez avoir oublié une conversation qui a eu lieu ici même, entre nous, il n'y a pas longtemps, et au cours de laquelle je vous ai fait connaître l'état de mon cœur.

L'orpheline comprit aussitôt pourquoi le docteur avait voulu lui parler en tête à tête, et ce qu'il se proposait de lui dire.

Elle frissonna de la tête aux pieds.

— Mon Dieu, — s'écria-t-elle d'une voix que l'émotion et l'angoisse rendaient tremblante, — allez-vous encore me parler de vos sentiments ?... — Est-il possible que vous ayez si vite oublié votre promesse ?...

— Je n'oublie rien !... — fit Jacques vivement. — Je me souviens de tout !

— Vous ne m'en donnez point la preuve en ce moment... — Vous m'aviez promis de la façon la plus formelle, la plus positive, que vous laisseriez s'écouler tout le temps de mon deuil avant d'exiger de moi une réponse à vos aveux, et avant de me reparler vous même des projets formés par vous...

— J'avais promis de me taire, c'est vrai... j'avais promis d'étouffer les battements de mon cœur... J'étais de bonne foi... Je voulais tenir ma promesse, mais je vois bien que c'est impossible...

— Impossible !... Pourquoi?

— La passion est plus forte que ma volonté... elle me domine... elle me pousse en avant... je ne suis plus maître de moi-même...

— Je vous ai déjà dit ce que je pensais à ce sujet...

— Vous vous abusez, j'en suis certaine... Vous prenez une illusion pour la réalité.

— Non, Marthe, je ne m'abuse pas... Je vous aime d'un amour profond, immense, ou plutôt je vous adore et ne puis attendre plus longtemps la réponse implorée par moi... — J'ai la fièvre, j'ai le délire... Vous pouvez seule apaiser ce délire... calmer cette fièvre, qui va sans cesse grandissant et qui me dévore... — Un instant j'ai pensé que je serais heureux que je serais fier de vous voir entourée d'hommages !... Je me trompais... — Je suis jaloux de ceux qui vous regardent et de ceux que vous regardez... Je ne puis vous laisser plus longtemps en contact avec les admirateurs, ou plutôt les adorateurs, que si imprudemment j'ai attirés autour de vous. — La situation telle qu'elle est me brise... En la prolongeant, elle me tuerait. — Marthe, il faut qu'avant un mois vous soyez ma femme.

En entendant ces paroles menaçantes, la jeune fille se sentit prise de vertige.

Tout d'abord elle ne sut que répondre, tant le trouble de son esprit était grand.

Jacques poursuivit :

— Il le faut et cela sera... — Avant un mois vous porterez mon nom.

Marthe reprit instantanément son sang-froid.

Elle releva la tête, qui depuis quelques secondes se penchait sur sa poitrine, et dit d'une voix qui d'abord à peine distincte devint bientôt assurée et vibrante :

— Je ne saurais vous écouter davantage, monsieur le docteur... — Vous avez raison, cent fois raison, la situation telle qu'elle est, odieuse et fausse, ne saurait se prolonger.. — J'avais sollicité et obtenu de vous un délai pour vous répondre... — Vous revenez sur votre parole... — Vous rompez le pacte... — Je vous répondrai donc tout de suite... — En me recueillant orpheline, pauvre et désolée, vous avez fait un acte généreux dont mon cœur gardera, je vous l'affirme, une éternelle reconnaissance... — Mais aujourd'hui je dois et je veux me soustraire aux conséquences qu'entraîneraient pour moi cet acte généreux... Je dois redevenir l'orpheline pauvre et abandonnée que j'étais !... — Il est trop tard pour quitter ce soir votre maison... je la quitterai demain...

— Quitter ma maison!... — répéta Jacques frissonnant. — M'abandonner!... — Pourquoi?

— Parce que je prétends garder l'indépendance de mon âme, de mon cœur, de mes pensées!... Parce que je ne serai jamais l'esclave de qui que ce soit, et que vous semblez vouloir vous arroger sur moi des droits que je repousse! — Les subir serait payer trop cher votre bienfaisance! — Libre je suis, je veux rester libre...

— Libre d'aller retrouver votre amant, n'est-ce pas? — s'écria le pseudo-Thompson, que la colère envahissait et qui n'était plus maître de lui-même.

Marthe frémit.

Son orgueil de femme, son honneur de vierge, se révoltèrent sous l'injure.

— Vous m'insultez! — dit-elle — et vous savez bien que vous mentez en m'insultant! Vous savez bien que chez vous je suis entrée pure et que j'en sortirai pure!

Jacques Lagarde n'écoutait pas.

Emporté par une fureur croissante, il poursuivit:

— Allons!... jetez le masque, et dites la vérité!... — Me prenez-vous pour un niais? Vous figurez-vous que je suis aveugle?... — Croyez-vous que je n'aie pas compris votre dédain pour moi et deviné votre amour pour un autre?

« Non! non! non!... je ne suis dupe ni de vos paroles décevantes, ni de vos sourires hypocrites, ni de votre ingénuité menteuse !... — Vous refusez de devenir ma femme, parce que vous avez au cœur une passion que vous voudriez me cacher, à moi, à moi à qui vous devez tout, puisque je vous ai arraché à la misère... à la misère qui conduit à la honte, et de la honte au crime !...

» Cette passion, elle est née sous les ombrages du *Petit-Castel*, elle a grandi à Paris sous mon toit !...

» Votre amant est venu hier, et votre amoureuse entrevue a eu lieu en ma présence...

» Ah ! vous êtes d'habiles comédiens tous les deux !... Vous avez joué l'indifférence devant moi et vous avez cru ne pas vous trahir, mais malgré vous je voyais clair ! !

» Je connais mon rival... Je le connaissais depuis la soirée où vous vous êtes trahie sans le savoir en me voyant paraître !... — Il m'avait suffi de suivre la direction de vos regards pour lire dans votre cœur, et maintenant vous pourrez mentir encore, vous ne me tromperez plus !...

Marthe n'avait point cherché à interrompre le docteur.

Tremblante de colère aussi, elle l'écoutait, prête à lui répondre quand il aurait laissé jusqu'au bout déborder sa rage en paroles insultantes.

— Eh bien ! oui, j'ai menti ! — répliqua-t-elle d'une voix mordante. — J'ai mis un masque sur mon visage... J'ai fait ce que font toutes les femmes en cachant leurs pensées à l'homme qui n'a pas le droit de les connaître...

— Ainsi, — cria Jacques, — vous ne niez plus ?

— Je ne nie plus !

— C'est bien vrai ? Vous aimez ?

— J'aime de toutes les forces de mon âme et de mon cœur, et celui que j'aime est digne de moi !... — Si je vous ai caché mon amour c'est qu'il était trop évident pour moi que vous deviendriez l'ennemi de celui qui l'avait fait naître, et je ne voulais pas l'exposer à votre haine !... — Vous l'auriez tué peut-être... — Je tremblais pour lui et la peur m'a inspiré l'idée de vous demander un délai d'un an pour vous répondre... — C'était un an de sécurité...

» A présent je lève le masque !

» Oui, j'aime Paul Fromental et je l'aimerai toujours !

» Oui, c'est au *Petit-Castel* que pour la première fois je l'ai vu, et dès la première minute, dès le premier regard, mon cœur est allé à lui !

» Oui, j'ai tressailli de joie, et cette joie a dû se peindre en effet sur mon visage, quand, à cette soirée de lundi, Paul dont je n'espérais pas la présence m'est apparu soudainement, et c'est à cette soirée qu'à l'aveu de son amour j'ai répondu par l'aveu du mien.

» Tout à l'heure, je vous ai parlé de la reconnaissance éternelle que j'éprouvais pour vous.

» Je mentais, ou plutôt je me trompais, car votre générosité pour moi n'était qu'un adroit calcul, je le vois bien maintenant, et je chasse de mon âme une gratitude que vous ne méritez pas...

» Je reprends ma misère avec ma liberté...

» Je sortirai de chez vous demain, non pas pour aller à la honte qui conduit au crime — (ce sont vos expressions), — mais pour aller à Paul qui m'attend, car je lui ai dit : — *Ayez patience... l'heure est proche où je serai libre...* — Et je lui dirai : — *L'heure est venue... je suis libre...* »

— Et si je ne voulais pas, moi !... — dit d'une voix sifflante Jacques affolé par un délire fait de rage et d'amour. — Si je ne voulais pas que vous sortiez d'ici !... si je ne voulais pas que vous l'aimiez ! si je ne voulais pas que vous soyez à lui !...

— Vous opposer à ma volonté ! vous !! — De quel droit ?... — répliqua Marthe.

— Des droits d'un tuteur sur sa pupille...

— Vous n'êtes point mon tuteur...

— Je vous ai recueillie... — Vous vivez sous mon toit, vous devez m'obéir...

— Je le nie ; et, d'ailleurs, fussé-je esclave, l'esclave brise sa chaîne...

— Je l'ai faite si forte qu'elle ne se brisera pas !...

— Je vous défie de m'empêcher de quitter cette maison !..,

— Je vous en empêcherai, cependant !

— Par quels moyens ?

— J'emploierai la force s'il le faut.

— Et moi j'appellerai la justice à mon aide... et, si elle refuse de me défendre, je me défendrai moi-même !

Et Marthe, prenant sur une table un coupe-papier d'acier niellé d'or, en forme de stylet, véritable objet d'art mais aussi dangereux qu'une arme sérieuse, ajouta :

— Ce n'est pas vous que je frapperai, c'est moi !...
— La mort aussi est la liberté ! — Maintenant, monsieur, laissez-moi !... je veux être seule !...

La menace formulée par Marthe d'un acte de décision terrible dont évidemment elle était capable, avait dissipé l'ivresse passagère de Jacques.

Il comprit qu'il venait de commettre une faute énorme.

Pascal avait dit vrai.

Ses soupçons à lui-même se trouvaient confirmés.

Marthe aimait Paul Fromental.

Si elle se rendait libre, si elle s'enfuyait de l'hôtel

pour aller le rejoindre, ils deviendraient, réunis, non seulement un obstacle, mais un danger.

— Marthe... Marthe... — balbutia-t-il d'un air égaré en tendant les mains vers la jeune fille, — j'étais fou... J'avais le délire... Je parlais comme un insensé... Pardonnez-moi... Pardonnez-moi...

— Je veux bien oublier des injures qui d'ailleurs ne pouvaient m'atteindre, — répondit l'orpheline; — mais ma résolution est inébranlable...

— Vous vous obstinez à quitter cette maison?
— Oui.
— C'est impossible...
— Demain je serai partie...
— Vous avez donc pour moi beaucoup de haine?
— Je n'ai pas de haine et je vous plains...
— Mais, si je vous jurais qu'à dater du moment où je vous parle, jamais je ne prononcerai un seul mot faisant allusion aux projets que j'avais formés?...
— Je ne vous croirais pas...
— Si je vous faisais libre ?
— Je le suis... Rien ne me lie à vous...
— Si je vous donnais une preuve indéniable de mon repentir ?...
— Comment pourriez-vous me donner cette preuve?
— En vous disant : — Aimez Paul Fromental... je

ne songe plus à vous séparer... soyez heureux ensemble... je me dévoue à votre bonheur...

— Si vous me disiez cela?

— Oui... Eh bien?

— Alors, et seulement alors, je croirais qu'un moment de folie passagère a dicté votre conduite d'aujourd'hui.

— Si j'ajoutais : — Vous serez sa femme, mais ne me quittez pas !... Restez près de moi, dans ma maison, vous dont les traits me rappellent une image chérie... — que répondriez-vous?

— Je répondrais : — Faites que Paul soit mon mari, et tout sera oublié !...

— Avant un mois, je vous le jure, vous serez sa femme !!

— Vous le jurez?

— Sur la tombe de la fille que j'ai perdue !... sur la mémoire vénérée de votre mère !

— Et Paul viendra ici chaque jour?... et nous pourrons causer ensemble librement?...

— Oh! non... non... pas encore... — pas ici... — s'écria Jacques Lagarde avec une terreur admirablement jouée. — Laissez-moi le temps de m'habituer à la pensée de vous voir en aimer un autre... — Vous irez habiter le *Petit-Castel*, et là vous recevrez votre fiancé... — Peu à peu le courage me viendra... je m'habituerai à appeler Paul Fromental mon fils, comme je vous ai appelé ma fille...

Marthe regardait le docteur avec un profond étonnement.

Elle se demandait si cet homme disait vrai ; s'il ne cachait point d'arrière-pensée ; s'il ne voulait pas la tromper.

L'habile fourbe avait les yeux humides et des larmes dans la voix.

L'orpheline se dit :

— Peut-être m'aime-t-il véritablement, et alors il souffre... je sais ce que c'est que d'aimer... — il se sacrifie... — Je dois le croire...

Jacques voyait bien ce qui se passait dans l'esprit de la jeune fille... — il la sentait ébranlée.

Il continua sa comédie diabolique en tombant à genoux devant elle, et il balbutia en sanglotant :

— Acceptez !... acceptez !... — Je vous aimerai tant tous les deux !... Vous serez mes enfants !...

— J'accepte, — fit Marthe enfin convaincue par les sanglots du misérable, — tout est oublié... j'ai confiance...

— Soyez bénie pour cette parole !

— Quand me conduirez-vous au *Petit Castel* ?

— Après demain, si vous le désirez...

— Ah ! certes, oui, je le désire ! Et dans un mois, vous l'avez promis, vous l'avez juré...

— Dans un mois, — acheva Jacques, — vous serez

la femme de Paul Fromental... — Me pardonnerez-vous complètement alors?...

— Je vous ai pardonné déjà... Je ne me souviens même plus de ce que vous m'avez fait souffrir ce soir...

Et Marthe à son tour se mit à sangloter.

Jacques voulut s'approcher d'elle.

Instinctivement elle se recula avec frayeur.

— Vous doutez encore? — murmura le pseudo-Thompson d'un ton de reproche.

— Non, je ne doute pas... — répondit Marthe. — J'ai besoin de prier...

Il était évident que la jeune fille voulait rester seule.

— Adieu donc et bonne nuit... ma fille... — dit Jacques Lagarde.

Et il sortit.

Mais aussitôt après il ajouta, en jetant un regard chargé de haine sur la porte qu'il venait de refermer derrière lui :

— Tu viens de signer ton arrêt de mort, Marthe Grandchamp!

Et il rentra dans sa chambre où l'attendait l'insomnie.

XXXIX

Raymond Fromental était parti pour Joigny à huit heures du soir.

A onze heures il arrivait à destination.

Ne connaissant point la sous-préfecture du département de l'Yonne il monta dans l'un des omnibus stationnant à la porte de la gare, et sur lequel on lisait cette inscription : *Hôtel du Cheval-Blanc.*

Un quart d'heure plus tard il descendait de voiture à l'hôtel en question et demandait une chambre.

Un instant après, il dormait.

Dès le matin il était debout, mais il ne pouvait se présenter utilement au palais de Justice avant l'ouverture des bureaux.

Il attendit donc l'heure réglementaire et tua le temps en se promenant sur les quais au-dessus desquels la ville de Joigny s'élève en amphithéâtre.

Pascal Saunier, lui aussi, s'était levé de bonne heure.

A neuf heures précises, il se trouvait à l'ouverture des bureaux du mont-de-piété.

Là, en échange du bulletin qui lui avait été donné la veille, on lui remit sans la moindre difficulté la médaille d'or engagée par Marthe Grandchamp.

Un train pour Paris, venant de Marseille, passait à Joigny à dix heures cinquante et une minutes.

L'ex-secrétaire du comte de Thonnerieux prit le pas gymnastique, entra à l'auberge du *Martin-Pêcheur* et se rendit à la gare en compagnie de Lureau, qui allait à Sens.

A dix heures précises, Fromental se présentait au parquet et demandait à être reçu par le procureur de la République ou par son substitut.

Sa qualité d'inspecteur de la Sûreté de Paris en mission lui évita l'ennui de faire antichambre.

Immédiatement introduit dans le cabinet du substitut de service, il lui présenta le mot du préfet de police, et aussitôt après en avoir pris connaissance le magistrat se mit à sa disposition.

En peu de mots Fromental lui expliqua la situation.

— Ainsi, — lui dit le substitut quand il eut achevé, — vous venez à Joigny avec l'intention de relever la piste des deux hommes que vous m'avez nommés?

— Oui, monsieur, Pascal Saunier et Jacques Lagarde... Ce dernier originaire de cette ville où des affaires d'intérêt l'appelaient à sa sortie de prison.— Connaissiez-vous le père du libéré?

— Non... — Il y a peu de temps que je suis ici et j'y connais peu de monde, mais je vais vous aboucher avec une personne qui saura, je n'en doute pas, vous donner satisfaction sur tous les points qui vous intéressent... — C'est un brave homme né à Joigny qu'il n'a jamais quitté et où il connaît tout le monde... — Il dirige la police municipale et s'acquitte à merveille de ses fonctions. — Vous n'aurez qu'à vous louer de sa mémoire et de son intelligence.

Le substitut sonna.

Un garçon de bureau se rendit aussitôt à son appel.

— Inquiétez-vous de savoir si M. Corbier est au palais, — lui dit le magistrat, — et priez-le de venir me trouver sans retard... — S'il n'était point encore arrivé, qu'on aille le chercher chez lui...

L'employé se hâta d'obéir.

M. Corbier se trouvait au palais.

Avant que cinq minutes fussent écoulées, il entrait dans le cabinet du substitut.

C'était un homme d'une cinquantaine d'années,

déjà grisonnant, de taille moyenne, grassouillet, bien tenu et soigneusement rasé.

A première vue, sa figure de petit bourgeois de province semblait superlativement niaise, mais en l'examinant mieux on s'apercevait que ses yeux, lorsqu'ils ne disparaissaient point sous le double écran des paupières molles, pétillaient d'intelligence.

— Monsieur le substitut m'a fait l'honneur de me demander?... — dit-il en saluant le magistrat.

— Oui, — répliqua celui-ci. — Vous allez vous mettre, toute affaire cessante, à la disposition de M. Fromental, de la Sûreté de Paris.

Corbier salua Fromental.

— Il s'agit d'une chose sérieuse, qui réclame beaucoup de célérité. — Je compte sur votre zèle... — Veuillez répondre d'abord aux questions que M. Fromental va vous adresser...

Le policier de Joigny regarda en souriant son collègue de Paris et lui dit:

Je suis à vos ordres, monsieur... — questionnez. — Je vous répondrai de mon mieux...

— Connaissez-vous ici, ou plutôt avez-vous connu un nommé Lagarde? — demanda Raymond.

— Lagarde?... — répéta Corbier, sans la moindre hésitation. — Il y en a trois à Joigny qui ne sont point parents. — Il y en avait un quatrième qui est mort le 27 décembre 1878, et dont le fils a été condamné en 1874 à cinq ans de prison...

— C'est de ce dernier qu'il s'agit... — Connaissez-vous les motifs de sa condamnation ?

— Il avait, de complicité avec un héritier trop pressé, hâté l'ouverture du testament d'un malade riche auquel il donnait ses soins...

— Un malade auquel il donnait ses soins... — répéta Fromental. — Ce Jacques Lagarde était donc médecin ?

— Oui, et médecin très habile, savant très distingué, mais une nature de jouisseur... un tempérament de coquin...

Fromental reprit :

— En sortant de prison, cet homme a dû venir à Joigny, — il y a de cela trois mois environ, pour affaires de famille. — En avez-vous eu connaissance ?

Corbier secoua la tête.

— En aucune façon... — répondit-il. — S'il y était venu, cela aurait produit une sensation dans la ville où on s'était énormément occupé de son affaire. — En outre, je le connaissais personnellement beaucoup avant sa condamnation, et vous pensez bien que je l'aurais reconnu.

— Mais il devait avoir à toucher ici la succession de son père...

— On peut toucher en donnant procuration à quelqu'un. — Rien de plus facile d'ailleurs que de savoir à quoi nous en tenir... — En nous adressant à M° Lahaye, le notaire de feu Lagarde, nous apprendrons si le libéré est venu en personne...

— N'a-t-il plus ici de parents chez lesquels il aurait pu descendre ?

— Un petit cousin que nous verrons, mais je serais bien étonné s'il avait eu l'audace de se présenter à lui.

— Voulez-vous m'accompagner chez le notaire ?

— Parfaitement, et il ne faut pas perdre une minute si nous voulons parvenir à le voir...

— Pourquoi donc ? Va-t-il s'absenter ?

— Non, mais c'est aujourd'hui jour de marché à Joigny, et son étude doit être envahie déjà par la foule des paysans qui viennent apporter des denrées et qui profitent de leur présence à la ville pour faire leurs affaires... Or, rien n'est loquace comme un paysan qui tient un notaire. Impossible de lui faire lâcher prise !

— Hâtons-nous donc ! — dit Raymond.

Et après avoir salué le substitut qui le pria de vouloir bien le tenir au courant du résultat de ses démarches, il quitta le palais de Justice avec Corbier.

Du palais à la maison du notaire la distance était courte.

En cinq minutes elle fut franchie.

Le chef de la police municipale de Joigny connaissait bien les mœurs locales.

L'étude était envahie déjà par une phalange compacte de ruraux en longues blouses de toile d'un bleu dur, et le second clerc déclara à Corbier que malgré son mandat officiel il ne pouvait en ce moment parler à Mᵉ Lahaye, celui-ci étant pris dans son cabinet, ainsi que le maître clerc, par une assemblée de famille qu'il était impossible d'interrompre sous quelque prétexte que ce fût.

— Peut-être, monsieur, pourriez-vous nous donner vous-même les renseignements dont nous avons besoin… — dit Raymond au maître clerc qui répliqua :

— C'est douteux. — Je ne suis point au courant des affaires de l'étude à laquelle je n'appartiens que depuis quelques semaines.

— Nous reviendrons.. — fit Corbier ; — à quelle heure pourrons-nous voir le patron ?

— A l'heure de son déjeuner, puisque ça presse… — J'aurai soin de le prévenir…

— Bien, nous serons ici à midi..? — Maintenant, allons rendre visite au cousin en question…

Les deux hommes sortirent de l'étude.

Raymond pestait intérieurement contre tous ces retards énervants.

Le temps passait, et il sentait que le succès serait compromis si l'on ne parvenait pas à agir vite...

Le cousin de Jacques Lagarde exerçait la profession d'armurier dans la Grande-Rue.

Corbier y conduisit Raymond.

L'armurier serra la main de son compatriote.

— Qu'est-ce qui vous amène par ici? — lui demanda-t-il en riant. — Auriez-vous envie par hasard d'aller à la chasse cette année, et venez-vous m'acheter un Lafaucheux?

— Non, mon cher ami... — Je chasse sans port d'armes, vous le savez bien, et mon gibier ne se met ni à la broche ni en civet. Je viens vous demander un petit renseignement :

— Relatif à quoi ?

— A quelqu'un de votre famille...

— Ah bah!... qui donc ?

— Un de vos parents...

— Lequel?

— Jacques Lagarde...

L'armurier fronça le sourcil.

— C'est de ce joli paroissien-là qu'il s'agit ! — fit-il — tant pis !... Est-ce qu'il a commis quelque méfait depuis sa sortie de prison ?...

— C'est très possible, pour ne pas dire très probable, mais je l'ignore...

— Que voulez-vous savoir ?...

— On présume qu'il est venu à Joigny il y a trois mois pour y toucher la succession paternelle... — En avez-vous eu connaissance ?...

— Non... — Mais on vous renseignera à ce sujet chez le notaire Lahaye...

— Nous y sommes allés et nous y retournerons tout à l'heure. — Nous supposions que votre cousin serait peut-être venu vous voir pendant son séjour à Joigny...

— Lui !! Ah sapristi ! Je vous garantis qu'il aurait été reçu d'une belle façon !... il le savait bien, le mauvais drôle, et il se serait gardé de se présenter.

Corbier et Raymond quittèrent l'armurier.

— Le notaire seul pourra vous répondre, — dit Corbier. — Nous avons une demi-heure devant nous, — ajouta-t-il en consultant sa montre. — Je vous offre une absinthe avant déjeuner.

— J'allais vous l'offrir, mais j'accepte, à condition que vous me ferez le plaisir de déjeuner avec moi...

— De grand cœur...

L'absinthe prise on retourna chez M° Lahaye.

Il venait de se mettre à table, mais, étant averti de la visite de Corbier, il avait donné l'ordre de le prévenir de son arrivée.

Les deux hommes furent introduits dans le cabinet

où l'officier ministériel vint aussitôt les rejoindre et s'informer du motif qui les amenait.

— Mon cher maître, — fit le chef de la police municipale, — nous venons vous demander si le nommé Jacques Lagarde, condamné à cinq ans de réclusion, ne s'est point présenté dans votre étude, immédiatement après sa libération, pour y toucher la succession de son père, mort en décembre 1878 ?..

— Je vous répondrai affirmativement... — dit le notaire.

— Il est venu lui-même ?...

— Lui-même...— Il était à mon étude le 25 mai... — Il y revenait le lendemain signer certaines pièces, et quelques jours après recevait de mes mains le montant de son héritage... un peu plus de vingt mille francs...

— Alors il a passé plusieurs jours à Joigny ?

— Six à sept jours, au moins...

— Pourriez-vous nous dire où il avait élu domicile pendant ce temps-là ?

— Je ne le lui ai pas demandé... — Dans un hôtel, selon toute apparence...

— Nous nous en assurerons... — fit Corbier.

— M. le notaire sait-il si Jacques Lagarde était seul à Joigny ?... — ajouta Fromental.

— Non, il n'était pas seul... — Il m'a dit, je m'en souviens à merveille, que les retards qu'il lui fallait subir étaient doublement ennuyeux, car il avait avec lui un ami pressé de partir.

— C'est bien cela... — murmura Raymond, — cet ami, c'était Pascal Saunier...

— Il ne me l'a pas nommé...

— Ne vous a-t-il point dit vers quel endroit il comptait se diriger en quittant Joigny ?

— Il m'a parlé, je crois, de l'Angleterre... de Londres.

— Ce devait être un mensonge... — La seule ville au monde qui attire ces gens-là, c'est Paris.

— Malgré toute ma bonne volonté, il me serait impossible, messieurs, de vous apprendre autre chose... — reprit le notaire. — Aujourd'hui mes instants sont comptés... l'étude est remplie de gens qui m'attendent... Permettez-moi d'aller achever mon repas...

Les deux hommes se hâtèrent de prendre congé.

— Il est venu ici, — dit Raymond une fois dans la rue, — il y a passé près d'une semaine... — Il doit y avoir laissé trace de son séjour, ne fût-ce que son nom inscrit sur le livre de police de l'hôtel où il logeait avec son ami...

— A moins qu'il n'ait donné un autre nom que le sien... — Déjeunons d'abord... — Nous vérifierons ensuite le fait, mais ce sera un peu long... — Outre les hôtels, il y a pas mal de logeurs à Joigny, et si nous ne réussissons pas tout de suite il faudra nécessairement aller partout.

Raymond maudissait de plus en plus ces retards, mais il fallait les subir et se résigner.

Après le déjeuner qui fut un peu long, la gourmandise de Corbier étant notoire, les deux hommes commencèrent leur tournée dans les hôtels, y compris celui du *Cheval Blanc* où Raymond était descendu la veille et ils se faisaient présenter les livres de police.

Ce même jour, à quatre heures, Pascal Saunier arrivait à Paris, rue de Miromesnil, où Jacques Lagarde l'attendait avec une impatience fiévreuse.

Il entraîna Pascal dans son cabinet.

— Eh bien ! l'as-tu ? — demanda-t-il après avoir refermé et verrouillé la porte.

— Oui, mais non sans peine... — répondit Pascal, — la voici...

Et il jeta la médaille d'or sur le bureau.

Jacques la saisit, d'une main que la joie faisait trembler.

XL

— Et toi, — poursuivit l'ex-secrétaire du comte Thonnerieux, — as-tu réussi près de Fabien de Châtelux ?

— Oui et non.

— Comment ?

Jacques raconta ce qui s'était passé.

— Nous aurons la médaille... — répliqua Pascal. — Je saurai pénétrer dans la chambre du jeune comte.

— Je comptais sur toi pour trouver un moyen...

— Il est trouvé, et rien n'est plus simple... — Voici : — Tuer Fabien d'un joli coup de couteau... — laisser des cartes de visite dans sa poche et abandonner le cadavre sur la voie publique... — Ceux qui le relèveront le ramèneront chez sa mère où on l'étendra en grande cérémonie sur un lit de parade entouré de cierges.

« La catastrophe sera vite connue...

« En qualité d'ami de la comtesse, tu viens apporter à l'hôtel de Chatelux tes compliments de condoléance.

« Je t'y accompagne...

« Nous demandons à rendre un suprême hommage au corps du malheureux jeune homme et, tandis que tu sangloteras avec la mère, je me chargerai, moi, d'enlever subtilement le coffret...

— A demain donc les derniers actes et le dénouement de la tragédie ! — s'écria Jacques.

— Tu es décidé ?

— Oui.

— Marthe, elle aussi, disparaîtra ?

— Comme les autres... — répondit le docteur d'une voix sombre.

— Bravo ! Te voilà donc enfin raisonnable ! Et Paul Fromental ?...

— Sera supprimé en même temps que Marthe... sa complice...

— Comment l'amener au *Petit-Castel* ?...

— Tout à l'heure nous en causerons.

— Pourquoi pas tout de suite ?

— Il y a quelque chose de plus pressé à faire...

— Quoi donc ?

— Réunir les médailles que nous possédons et voir si nous ne pourrions pas, sans les deux qui nous manquent, reconstituer le *Sésame, ouvre-toi !* que nous cherchons.

— Rien n'empêche d'essayer, mais je doute du succès... Pour nous arreter net, il suffit d'un mot absent.

— Voyons toujours...

Jacques avait tiré les médailles du coffret où elles étaient enfermées.

Il les aligna l'une à côté de l'autre par numéros d'ordre sur son bureau.

— Ecris... — dit-il ensuite à Pascal...

Celui-ci prit une plume et se tint prêt à écrire sous la dictée du pseudo-Thompson, qui commença par cette indication :

— Tu sais, trois mots formant trois lignes, l'une au-dessus de l'autre...

— Oui, je sais...

— Et moi, je dicte : .

Des   granges   de   mer   la
septième dalle   noire   de   la
comptant à   partir   du   coin

— Est-ce tout ?

— Ecoute, alors...

Et Pascal lut à haute voix, tout d'un trait, ce qu'il venait d'écrire :

— *Des granges de mer la septième dalle noire de la comptant à partir du coin...*

— Inintelligible encore!! — s'écria Jacques en frappant du pied avec colère, — les mots essentiels nous font défaut...

— Je puis, moi qui connais les propriétés du comte, reconstruire la première phrase... — dit Pascal.

— Tu crois?

— J'en suis sûr... mais cela ne nous sert à rien...

— Dis toujours...

— Il s'agit, à n'en pas douter, du *château des Granges de Mer-la-Fontaine.*

— Tu supposes alors que la fortune serait cachée dans ce château?

— Oui, *sous une dalle noire,* mais quelle dalle noire? où la trouver, cette dalle? *en comptant à partir du coin.* — Quel coin? — Nous ne pouvons rien, absolument rien... — Pour déchiffrer ce logogriphe, il nous faut les autres mots.

— Sois paisible... Nous les aurons bientôt! — Présentement songeons à Paul Fromental. — Prends une feuille de papier à lettre...

— Tu veux que j'écrive? — fit Pascal avec épouvante.

— Oui.

— Quelle maladresse!... On est toujours trahi par quelque imprudente correspondance!...

vi.   13

— Dans le cas présent, rien à craindre... Écrire est sans danger... Quand bien même la lettre s'égarerait, elle ne pourrait nous compromettre en aucune façon... — Prends une plume d'oie neuve, et taille-la...

Tandis que Pascal étonné mais docile obéissait, Jacques tirait d'un tiroir secret de son bureau une petite fiole hermétiquement bouchée à l'émeri et renfermant une liqueur d'un vert pâle.

Il déboucha cette fiole et la plaça à côté de Pascal qui demanda :

— Qu'est-ce que cela?

— Une préparation chimique. — Une découverte précieuse résultant de mes études et de mes expériences. — Tu vas te servir de cette liqueur en guise d'encre... En passant du bec de ta plume sur le papier à lettre elle deviendra du plus beau noir...

— Eh bien ?

— Eh bien ! vingt-quatre heures plus tard, celui qui voudrait retrouver sur cette feuille les caractères précédemment lus, n'aurait plus sous les yeux qu'une page blanche... — C'est te dire que Paul Fromental recevra cette lettre, la lira, connaîtra par elle le lieu et l'heure du rendez-vous, et la mettra ensuite dans sa poche sans s'en occuper davantage...

— Mais si, au bout de vingt-quatre heures, l'idée

de la relire lui traversait l'esprit, chose admissible en somme?...

— Eh bien! il n'y aurait pas lieu pour lui de se mettre martel en tête. — Il supposerait tout simplement que Marthe s'est servie pour lui écrire de ce qu'on appelait autrefois une encre sympathique...

— Ne crains-tu pas qu'il ne parle de cette lettre?

— Nullement! — Je te garantis qu'il n'en soufflera mot à personne!.. — D'abord, à qui se confierait-il?...

— A son père...

— Il est en voyage. — Le jeune homme habite seul une maisonnette à Créteil... — Je te répète, je t'affirme, que nous sommes à l'abri de tout danger...

— Imite l'écriture de Marthe, pour le cas où Paul connaîtrait cette écriture... ce que je ne crois pas...

— Ecris légèrement, en n'appuyant qu'à peine sur le papier...

Pascal trempa sa plume dans le liquide vert pâle de la bouteille, et sous la dictée de Jacques traça ces lignes :

« Mon ami,

» Je vous ai promis, quand je serais libre, de vous dire : Venez à moi... — Je suis libre. — Je serai demain soir au *Petit-Castel* avec Angèle qui m'est absolument dévouée...

» Traversez demain à minuit le bras de Marne qui côtoie le parc du côté droit et abordez au débarcadère.

» Angèle vous attendra pour vous conduire auprès de moi.

» Que personne au monde ne puisse se douter de ce rendez-vous, si voulez que je vous appartienne pour la vie.

» Celle qui vous aime de toute son âme,

« MARTHE. »

La lettre était écrite.

L'effet indiqué par Jacques n'avait pas manqué de se produire.

La liqueur verdâtre, en touchant le papier, était devenue d'un noir brillant.

L'écriture ressemblait à s'y méprendre à celle de l'orpheline.

— Ma parole d'honneur, c'est prodigieux ! — dit Pascal.

— C'est surtout très utile en certaines occasions...

— Il est certain que ce serait inappréciable pour libeller des billets à ordre escomptés par un usurier !... — fit en riant l'ex-secrétaire du comte de Thonnerieux ; — Au moment de l'échéance, l'usurier se trouverait n'avoir en portefeuille qu'un papier timbré vierge de toute signature. — Vois-tu d'ici la tête du bonhomme!

— Soyons sérieux, — répliqua Jacques — et mets l'épitre sous enveloppe...

— C'est fait...

— Maintenant, l'adresse : — *Monsieur Paul Fromental, à Créteil, Seine.* — Parfait ! — il faut bien vite porter cette lettre à la poste...

— Dans ce quartier?

— Non pas! — Je vais aller moi-même jusqu'au grand bureau de la place de la Bourse. — Toi, va te mettre au lit. — Tu dois avoir grand besoin de repos... — je te réveillerai pour dîner...

Pascal gagna sa chambre, tandis que Jacques Lagarde prenait la lettre et sortait.

Retournons à Joigny.

Il était dix heures du soir.

Raymond Fromental et Corbier avaient passé toute l'après-midi et la soirée à compulser des livres de police d'hôteliers et de logeurs, sans obtenir le moindre résultat.

Aucun de ces livres ne portait trace du passage de Jacques Lagarde et de Pascal Saunier.

Très fiévreux, très inquiet, Raymond commençait à considérer le succès de son voyage comme absolument compromis.

Cependant il restait quelques registres à examiner

le lendemain matin, car il était trop tard pour continuer la besogne ce jour-là.

Corbier voulut reconduire son collègue jusqu'à l'*Hôtel du Cheval-Blanc*.

— Je crains une chose... — dit tout à coup Raymond, chemin faisant.

— Quelle chose ?

— C'est que les deux libérés ne se soient fait inscrire sous de faux noms, ce qui nous dépisterait complètement.

— Pourquoi se seraient-ils cachés? — Ils étaient en règle avec la justice, ayant subi leur peine... — On n'avait rien à leur réclamer.

— Jacques Lagarde pouvait désirer qu'on ignorât sa présence dans son pays natal...

— Ah diable! je n'avais pas songé à cela! — Enfin, attendons à demain... — Collègue, je vous souhaite une bonne nuit...

Le lendemain matin Corbier vint de bonne heure chercher Raymond, et tous les deux reprirent leur travail de la veille chez les hôteliers et chez les logeurs, toujours avec les mêmes résultats négatifs.

Après déjeuner il ne restait plus à visiter qu'une seule hôtellerie, celle du *Martin-Pêcheur* tenue par Lureau.

Le gros homme s'empressa de mettre son livre de

police à la disposition des nouveaux venus dont il ne pouvait méconnaître les qualités, et il redescendit à sa cave où il faisait mettre du vin en bouteilles.

Tandis que Fromental ouvrait le registre, Corbier dit en riant :

— *Aux derniers les bons!* Cela arrive quelquefois.

Raymond étudiait les colonnes du registre, espérant toujours voir apparaître dans l'une d'elles les noms de Jacques et de Pascal.

Soudain il tressaillit et poussa une exclamation.

— Vous avez trouvé? — demanda vivement Corbier.

— Non, mais je vois ici quelque chose de très étrange.

— Quoi donc?

— Un nom...

— Lequel?

— Celui du docteur Thompson...

— Vous connaissez ce docteur?

— Tout Paris le connaît... — il est célèbre. — Comment, venant d'Amérique et allant à Paris, a-t-il séjourné à Joigny?.. — C'est tout à fait bizarre! Et il est arrivé ici juste au moment où Jacques Lagarde ne figure sur aucun livre...

— Ah! ça! mais — s'écria Corbier — une idée bien étrange et bien sotte peut-être me traverse l'esprit...

— La même qui me vient, sans doute, répondit Raymond. — Dites-moi la vôtre...

— Est-ce que, par hasard, le médecin Jacques Lagarde serait le docteur Thompson?...

— J'étais en train de me le demander...

Tandis que ces paroles s'échangeaient, les yeux de Fromental restaient fixés sur le registre.

Tout à coup, il tressaillit de nouveau.

Il venait de lire au-dessous du nom de Thompson celui de son prétendu secrétaire.

— Pascal Rambert! — dit-il à haute voix.

— Pascal Rambert! — répéta Corbier. — Il y a cela.

— Voyez!... — secrétaire du docteur.

— Le même prénom que Saunier... — reprit le chef de la police municipale. — Voilà un gaillard qui a mal démarqué son linge! — Vous pourriez bien retrouver là vos deux libérés...

— Ah! — s'écria Raymond dont le cerveau craquait sous l'effort de mille pensées confuses se heurtant et se combattant. — Il faut que je questionne le maître de cette auberge!...

— Je vais le chercher... — fit Corbier.

Et il se dirigea vers la cave.

Resté seul, Raymond réfléchissait.

Il se rappelait sa première rencontre avec le docteur Thompson et son secrétaire... — Il tâchait de se souvenir de ses moindres paroles. — Il s'efforçait de reconstituer sa physionomie pour essayer d'y découvrir quelque chose de suspect.

Le soupçon venait de naître en son âme.

Cependant, il doutait encore.

Corbier reparut avec Lureau.

— Monsieur l'hôtelier, — dit Fromental au gros homme en posant l'index de sa main droite sur une ligne du registre ouvert, — vous avez inscrit ici les noms de deux voyageurs et vous devez vous souvenir des personnages qui portaient ces noms...

— De qui parlez-vous, monsieur? — demanda Lureau.

— Du docteur Thompson et de Pascal Rambert.

— Ah! je le crois bien que je m'en souviens! s'écria l'aubergiste avec un sourire épanoui : — on n'oublie jamais des clients comme ceux-là!

— Pourquoi donc?

— C'étaient de si braves cœurs! Oh! des cœurs comme on n'en voit guère...

— Je désire savoir de quelle façon ils sont arrivés chez vous et combien ils y ont passé de jours.

— C'est facile, monsieur, — ils ont laissé ici un trop bon souvenir pour que je puisse oublier la moindre des choses qui les concerne...

— Dites-moi bien tout, mais tâchez de ne point vous noyer dans les petits détails...

13.

— Je tâcherai, monsieur.

Et Lureau raconta, aussi brièvement qu'il le put, l'arrivée dans son auberge du docteur et de son secrétaire, les soins donnés par eux à Périne Grandchamp, leur dévouement à la mourante, leur admirable générosité pour l'orpheline.

LXI

En entendant parler Lureau, les soupçons de Fromental s'évanouissaient.

Le brave cœur, — comme disait l'aubergiste, — qui avait accompli tout cela, ne pouvait être le misérable assassin qu'il cherchait.

La similitude d'un prénom ne prouvait nullement que Pascal Rambert fût Pascal Saunier, l'ancien secrétaire du comte de Thonnerieux.

— Et ces voyageurs vous ont donné des papiers en règle ? — demanda-t-il.

— Mais, oui, monsieur... autant que je puisse me le rappeler... — répondit Lureau sans trop d'assurance.

— Vous n'en êtes pas certain ?..

— Eh bien ! là, franchement, j'en conviens.

— Il y aurait matière à procès-verbal et contravention... — fit Corbier.

— Mon Dieu, monsieur, vous savez, il y a des personnes qui vous en imposent et avec lesquelles on n'ose pas avoir l'air de douter de leur parole : on voyait tout de suite à qui on avait affaire. — Si mes voyageurs avaient été des aventuriers, ils ne se seraient point conduits de manière à causer l'admiration générale... Le docteur ne serait pas établi à Paris où il a déjà une réputation colossale qui, chaque jour, s'agrandit encore, ainsi que me le disait hier son secrétaire, monsieur Pascal Rambert.

Fromental fit un bond.

— Monsieur Rambert! — s'écria-t-il.

— Oui, monsieur...

— Il était hier à Joigny?

— Hier et avant-hier, parfaitement... — C'est le dernier voyageur que j'ai reçu, et il est inscrit sur mon registre.

Les doutes de Raymond étaient revenus avec la rapidité de l'éclair.

— Ce Pascal Rambert vous a-t-il dit quels motifs l'amenaient dans votre ville?

— Oui, monsieur...

— Et ces motifs?

— Des affaires particulières...

— C'est vague! — Quelles affaires?

— Bien entendu, je n'ai pas eu l'indiscrétion de m'en informer, d'autant plus que ça ne me regardait nullement... — Cependant, il a bien voulu me mettre au courant d'un détail intime...

— Quel détail ?

— Il était chargé par un de ses amis de Paris de retirer du Mont-de-Piété un objet de valeur.

— Un objet de valeur déposé au Mont-de-Piété de Joigny ?

— Mais, sans doute... — Il se fait ici de très beaux engagements, monsieur!... — répliqua Lureau avec une véritable satisfaction d'amour-propre.

— De quelle nature était cet objet ?

— Quant à ça, je l'ignore...

— Je le saurai, moi !! — Tout ceci est étrange, et ce qui est étrange est suspect !... — Ces gens arrivant d'Amérique et s'arrêtant pendant plusieurs jours à Joigny, cela peut s'admettre à la rigueur... Mais qu'ils aient à y revenir pour affaires, et qu'ils y retirent des objets mis au Mont-de-Piété par des amis, voilà qui devient un peu plus que bizarre ! — Faites-moi, je vous prie, une description très exacte de ces deux hommes...

— Rien de plus facile, monsieur.

Lureau donna, en entrant dans force détails, les signalements qu'on lui demandait

Mais, ainsi que nous l'avons entendu dire à Raymond lui-même, qu'est-ce qu'un signalement quand il n'existe point de signes particuliers ?

Exactement rien.

Les cheveux sont blonds ou bruns aujourd'hui.

Demain ils peuvent être roux ou noirs.

Hier on portait de la barbe et des favoris.

Aujourd'hui on est rasé soigneusement, ce qui rend un visage méconnaissable.

Ou bien on était rasé jusqu'aux yeux il y a trois mois, et on porte aujourd'hui une barbe touffue...

Raymond ne se tint donc point comme éclairé suffisamment sous ce rapport.

Il quitta, avec son compagnon, l'hôtellerie du *Martin-Pêcheur* et se dirigea vers le Mont-de-Piété.

Chemin faisant Corbier lui demanda :

— Pensez-vous trouver un indice dans l'objet que ce Pascal Rambert a dégagé du Mont-de-Piété ?

— Je ne sais ce que je trouverai, — répondit Raymond. — Mais je veux voir... — Vous êtes du métier, par conséquent vous savez que souvent de la chose la plus insignifiante en apparence on peut tirer des conséquences importantes... — Du reste, je cherche un peu au hasard... Je vais à tâtons dans l'inconnu...

Les deux hommes marchaient vite.

Ils arrivèrent promptement au Mont-de-Piété.

Là, comme partout dans la ville, Corbier était connu. On savait donc qu'il avait qualité pour questionner et pour s'enquérir.

Raymond, présenté par lui au directeur du Mont-de-Piété, lui expliqua qu'il désirait savoir quels avaient été les objets dégagés la veille ou le jour même à son bureau.

— La chose est facile... — répondit le directeur. — Nous n'avons qu'à examiner l'une après l'autre les reconnaissances rentrées depuis hier matin pour cause de dégagement.

Il donna l'ordre à un commis d'apporter ces reconnaissances dans son cabinet.

— Mais, — fit-il observer, — comment pourrez-vous reconnaître l'objet en lisant la reconnaissance, puisque vous ne savez quel est cet objet?

— En effet, — murmura Raymond, — la difficulté est sérieuse...

— Savez-vous au moins par qui le dégagement a été opéré?

— Par une personne venant de Paris.

— Connaissez-vous son nom?

— Pascal Rambert.

— L'objet avait-il été engagé par lui?

— Je l'ignore.

On venait d'apporter les reconnaissances.

En province ce n'est point comme à Paris, où certains commissionnaires des bureaux auxiliaires chiffrent par cent mille francs leurs opérations du jour, et quelquefois dépassent ce chiffre, et où les dégagements quotidiens se comptent par [centaines.

Le Mont-de-Piété de Joigny n'approchait point,
— il s'en fallait ! — de cet état de prospérité.

Les reconnaissances placées sur le bureau étaient au nombre d'une trentaine.

— Je vais procéder à mon examen... — dit Raymond.

— Parfaitement. — Les voici dans l'ordre de dégagement.

Fromental les prit et commença à lire la première, allant droit à la désignation de l'objet déposé.

Les trois premières lui semblèrent de tout point insignifiantes.

Arrivé à la quatrième, il poussa une exclamation de joie.

— Vous avez trouvé ? — demandèrent à la fois Corbier et le directeur.

— Oui ! — s'écria Raymond — j'ai trouvé !

— Qu'est-ce que c'est ?

— Écoutez...

Et il lut à haute voix le libellé que nous connaissons :

— *Une médaille d'or au premier titre pesant 45 grammes, 83 centigrammes, et portant des dates, des mots et un numéro d'ordre...*

Puis il ajouta, avec un accent de triomphe :

— Ainsi, j'avais deviné juste !... Mon instinct ne me trompait point !...

« Pascal Rambert n'est autre que Pascal Saunier, le voleur du testament du comte de Thonnerieux ! et le docteur Thompson est son complice !... Les deux assassins que je cherchais, les voilà ! — Mais, — fit-il tout à coup après un instant de réflexion — à qui donc appartenait la médaille?...

— La signature de la personne qui a fait l'engagement se trouve nécessairement au dos...

Raymond retourna la reconnaissance.

Il lut, imitée par le faussaire Pascal, la signature de l'orpheline, *Marthe Grandchamp*.

— Marthe Grandchamp ! — s'écria-t-il avec épouvante. — Ah ! maintenant, je comprends tout ! — Marthe Grandchamp, à n'en pouvoir douter, c'est Marthe Berthier, une des héritières du comte ! Et elle est aux mains de ces misérables !... — Ceci m'explique leurs prétendues bontés pour cette enfant !... Et c'est elle que mon fils adore !... — Ils vont la tuer, elle aussi, à présent qu'ils possèdent la médaille !!! — Ah ! mon Dieu ! mon Dieu !... pourvu que je n'arrive pas trop tard à Paris !

Il regarda sa montre.

Elle marquait sept heures vingt minutes.

A quelle heure passe un train pour Paris ? — demanda-t-il à Corbier qui répondit :

— L'express à sept heures cinquante-trois.

— J'ai le temps d'arriver à la gare n'est-ce pas ?

— Oui, mais en vous pressant beaucoup...

— Venez ! venez donc !

— Raymond jeta au directeur du Mont-de-Piété un rapide : — Merci, monsieur, et il entraîna Corbier.

Si rapide fut leur course qu'ils entraient à la gare à sept heures quarante-deux minutes.

Chemin faisant Raymond avait prié son collègue provincial de prévenir de sa part le substitut du départ précipité qui ne lui permettrait pas d'aller lui rendre compte de ses découvertes, ainsi qu'il l'avait promis.

Il ne restait que quelques minutes avant l'arrivée du train.

Fromental se fit présenter par Corbier au chef de gare et lui dit :

— Il faut, monsieur, que vous fassiez passer immédiatement une dépêche au préfet de police, à Paris.

— Je suis à votre disposition... — Écrivez la dépêche... — Voilà tout ce qu'il faut pour cela...

Raymond traça rapidement un télégramme chiffré contenant ces mots :

« *Urgence. Opérer descente de police chez docteur Thompson, à son hôtel, rue Miromesnil. — Arrê-*

ter *tout le monde et faire perquisition.* — *J'arrive.*
» RAYMOND. »

Un sifflement aigu se fit entendre.
Le train stoppait en gare.
— Vite mon billet! — dit Raymond!
— Vous paierez en route... —— répliqua le chef de gare — Je vais avertir le chef de train. Montez en première classe...
— N'oubliez pas ma dépêche...
— Elle sera dans une demi-heure sur le bureau du préfet de police.
Le chef ouvrit la porte de son bureau donnant sur la voie.
Fromental le salua, serra la main de Corbier et s'élança dans un compartiment de première classe.
Un coup de cloche retentit, suivi tout aussitôt par le sifflement de la vapeur.
Le train se mit en marche.
— Arriverai-je à temps? — se répétait Raymond.
Et il n'osait pas se répondre affirmativement.

*
* *

Paul Fromental, — nos lecteurs doivent se le rappeler — était retourné à Créteil, heureux d'apprendre à Madeleine que son père redevenait enfin maître absolu de lui-même, mais très affligé de l'incompréhensible disparition de Fabien, et très résolu, en outre, à prendre de sérieuses précautions à l'endroit de toute attaque qui pourrait être dirigée contre lui-même.

Descendu à Charenton du bateau-mouche, il avait suivi les rives de la Marne pour remonter jusqu'au pont de Créteil.

Sur sa route il rencontra La Fouine.

Le pêcheur philosophe flânait au bord de l'eau en attendant que le moment de retourner à la maisonnette fût arrivé.

Les deux jeunes gens se serrèrent la main, et La Fouine se sentit joyeux et fier de pouvoir commencer son rôle de protecteur, ou plutôt de bon chien de garde.

Il proposa, sans perdre une minute, d'organiser des parties de pêche.

Paul accepta.

Il invita Jules Boulenois à déjeuner et il fut convenu qu'ils passeraient ensuite la journée ensemble à faire aux poissons de la Marne une guerre acharnée.

En côtoyant la berge, ils rencontrèrent deux hommes à l'apparence placide de bons bourgeois.

Ces deux hommes se promenaient en causant et, fort absorbés par leur conversation, ne parurent même pas les voir.

Cependant il n'aurait pas fallu s'y fier, car ces

promeneur oisifs et débonnaires étaient les deux agents de la Sûreté chargés par Raymond de veiller sur Paul.

— C'est le fils de Fromental... — dit tout bas Vernier à son camarade.

— Bon ! — répondit celui-ci, — Il est avec La Fouine, et va rentrer chez lui... Rappliquons chez le mastroquet où je loge et n'en bougeons pas, mais sans perdre de vue le grand chemin. — De là nous verrons sortir le jeune homme... Nous saurons où il va et, si du monde va chez lui, nous serons à portée pour surveiller...

Les deux agents se rendirent aussitôt chez le marchand de vins logeur dont il venait d'être question, demandèrent une bouteille de chablis, et s'attablèrent près d'une fenêtre d'où ils voyaient le chemin de halage et l'entrée de la maison de Paul.

— Apportez un jeu de cartes avec la bouteille, — commanda Vernier. — Nous allons faire une partie de piquet.

Paul et La Fouine avaient franchi le seuil de la villa.

Madeleine embrassa son jeune maître, qu'elle appelait son cher enfant, et pria La Fouine d'aller jusque chez le boucher d'où il rapporterait des côtelettes et un aloyau, ce dont le jeune pêcheur, — il nous paraît à peu près superflu de l'affirmer, — se chargea très volontiers.

Pendant son absence, Paul raconta à la vieille servante tout ce qui venait de se passer à Paris.

Il eut grand soin, cependant, de ne pas l'effrayer en lui parlant des dangers qu'il courait lui-même.

Malgré sa joie du résultat obtenu, Madeleine était glacée d'horreur par la pensée des crimes que Paul venait de lui révéler.

Des larmes lui venaient aux yeux en songeant à cette pauvre comtesse de Chatelux dont la douleur devait être horrible.

Enfin, elle mit un terme aux questions qu'elle adressait à Paul.

Elle interrompit ses : — *Hélas! mon Dieu!* et ses — *Miséricorde, quel malheur!...* et, comme La Fouine revenait avec des provisions, elle se mit à préparer le repas des deux jeunes gens.

XLII

Après déjeuner, Paul et La Fouine s'en allèrent à la pêche.

Ils ne devaient rentrer à la maisonnette que pour dîner.

La société de Jules Boulenois, — malgré la complète absence de distinction de celui-ci, — plaisait au fils de Raymond.

Dans les circonstances présentes, il sentait le besoin d'avoir auprès de lui quelqu'un avec qui il pût s'entretenir, fût ce de choses insignifiantes, et il préférait La Fouine à tout autre.

Vernier et son collègue virent partir les deux jeunes gens, leurs outils de pêche sur l'épaule.

— Voilà leur journée employée... — dit Vernier.
— Nous sommes sûrs que le rejeton de Fromental

né s'éloignera pas de Port-Créteil... — Il faut seulement savoir où ils vont...

Les agents allumèrent deux de ces étonnants cigares vulgairement appelés des *cinqcentimados*, parfois aussi des *soutellas*, et par quelques raffinés des *infectados* et, quittant le cabaret, ils suivirent des yeux Paul et Boulenois qui allaient s'installer comme de coutume à proximité des grands fonds d'eau faisant face au *Petit-Castel*.

— Les voilà placés... — fit Vernier; — Je connais les pêcheurs, ils ne bougeront pas de là jusqu'à ce soir... — Profitons de ça pour faire une visite à la maison et pour tailler une bavette avec la vieille servante... — Ensuite nous irons casser une croûte sérieuse... — C'est moi qui t'invite ce matin... — Tu m'inviteras ce soir...

Et ils se dirigèrent vers la demeure de Paul.

Au moment où ils n'en étaient plus séparés que par une cinquantaine de mètres, ils virent le facteur rural qui en sortait.

— On vient d'apporter une lettre, — dit le collègue de Vernier. — C'est sans doute *Sombre-Accueil* qui donne ses ordres à sa domestique.

Nos lecteurs se souviennent — du moins nous l'espérons, — que les hommes de la brigade de Sûreté désignaient volontiers Fromental par le sobriquet de *Sombre-Accueil*.

L'agent ne se trompait pas.

La lettre apportée par le facteur était bien de Raymond.

C'était celle qu'il avait écrite la veille au soir et glissée le matin dans une boîte en allant à la préfecture.

Madeleine, reconnaissant l'écriture de son maître, s'était hâtée de prendre connaissance de la missive.

De l'étonnement elle passait à la stupeur, et de la stupeur à l'épouvante, car dans les trois pages adressées à la digne créature, Raymond ne lui cachait rien des dangers que courait Paul, lui enjoignait de veiller sans cesse sur le jeune homme, et lui recommandait un silence absolu vis-à-vis de lui et une entière confiance avec l'agent Vernier dont il lui annonçait la visite.

Au moment où elle achevait sa lecture, on sonna à la porte du jardinet et elle s'empressa d'aller ouvrir.

Vernier n'était point un inconnu pour Madeleine.

A plusieurs reprises, elle l'avait vu venir rue Saint-Louis-en-l'Ile.

Malgré son changement d'allures et de physionomie, elle le reconnut.

— Ah! c'est vous, monsieur Vernier, — dit-elle.

— Moi-même, ma chère dame...

— Entrez donc... — Monsieur est avec vous ?
—. Oui.
— Eh bien ! entrez tous les deux.

Et elle introduisit dans le jardin les deux agents.

— Étiez-vous avertie de notre visite ? — demanda Vernier.

— Une lettre de mon cher maître vient de m'en prévenir à l'instant même.

— Alors, vous êtes au courant de la situation.

— Je sais que M. Paul court des dangers, le pauvre mignon !...

— Nous les écarterons facilement de lui, mais à une condition...

— Laquelle ?

— C'est que vous nous tiendrez religieusement au courant de tout ce qui se passera ici... s'il s'y passe quelque chose...

— Ah ! vous y pouvez compter, monsieur Vernier, que je vous tiendrai au courant !... Où vous trouverais-je en cas de besoin ?...

— Je loge chez l'aubergiste Brunet et mon collègue chez Poulaillon... tous les deux à côté l'un de l'autre, comme vous voyez...

— Je m'en souviendrai... — Mais savez-vous que c'est terriblement effrayant, tout ça... — Je tremble comme la feuille... — M. Paul est sorti...

— Sorti avec La Fouine, nous le savons...

— C'est bien ça qui m'inquiète. — Qu'est-ce que c'est au juste que ce La Fouine? il a l'air d'un pas grand'chose... à le juger sur sa toilette...

— Oui... oui... il ne paye point de mine, mais l'apparence est trompeuse. — La Fouine est un brave garçon en qui le maître a toute confiance... — Auprès de lui M. Paul est sous bonne garde...

— Ah! vous me rassurez! — fit Madeleine avec un soupir de satisfaction.

— M. Paul sort-il quelquefois le soir? — reprit Vernier.

— Non, tous les soirs, à dix heures au plus tard, il se couche.

— Inutile alors de passer la nuit à faire le guet autour de la maison?

— Oh! complètement inutile... — Je ferme les portes moi-même à double tour...

— Votre jeune maître est-il armé?

— Il a un revolver dans sa chambre...

— Bien! — Maintenant gravez bien ceci dans votre mémoire pour ne pas l'oublier : — Si qui que ce soit non connu de vous se présentait pour voir M. Paul, venez sans perdre une minute prévenir l'un de nous deux.

— Pas de risque que je l'oublie, monsieur Vernier !...

Les deux agents se retirèrent et allèrent déjeuner.

A la nuit tombante, c'est-à-dire vers sept heures et demie du soir, Paul et La Fouine rentraient.

On dîna longuement en causant des prochaines parties de pêche.

A dix heures, Jules Boulenois prenait congé de Paul qui montait dans sa chambre et se couchait.

Les deux jeunes gens s'étaient donné rendez-vous pour le lendemain matin.

Madeleine reconduisit La Fouine jusqu'à la porte de la rue qu'elle verrouilla soigneusement, revint au logis dont elle ferma à double tour toutes les issues, et alla se reposer à son tour.

Boulenois regarda de tous les côtés.

Ses yeux de noctambule sondaient les ténèbres.

Ne voyant rien de suspect, il gagna l'auberge de Poulaillon où depuis deux jours il avait fait élection de domicile.

A peine venait-il de s'éloigner qu'une forme humaine sortit de l'ombre d'une haie et prit le chemin de l'auberge de Brunet.

C'était Vernier qui venait de terminer sa faction.

Le lendemain matin, vers huit heures, La Fouine frappait à la porte de la maisonnette.

Paul, levé depuis un bon moment déjà, l'attendait.

On avait projeté une pêche aux écrevisses.

— Je suis prêt, — dit le fils de Raymond. — Mais nous avons oublié une chose essentielle...

— Laquelle donc ?

— De nous munir de détritus de viande pour nos balances.

— Sapristi !... C'est vrai... mais en somme le malheur n'est pas grand !... Nous aurons notre affaire.

— Chargez-vous des filets. — Vous m'attendrez sur la berge pendant que j'irai chez un boucher de Saint-Maur chercher ce qu'il nous faut...

Paul prit les balances, avertit Madeleine qu'il viendrait déjeuner à midi avec son compagnon, et sortit suivi de La Fouine.

Le collègue de Vernier se trouvait aux aguets.

C'était son tour de faction.

Il vit passer les deux jeunes gens, et convaincu qu'ils allaient s'installer comme la veille à leur place de pêche, il s'empressa de rejoindre Vernier.

La Fouine avait détaché le canot de Paul et traversait la Marne pour aller à Saint-Maur.

Il disparut derrière une île plantée de saules et de de trembles.

Paul s'était assis sur le gazon, près de la berge, et se préparait à l'attendre sans impatience.

Soudain il tressaillit.

Une voix venait de prononcer son nom derrière lui.

14.

Il se retourna et vit le facteur rural en train de fouiller dans sa boîte de cuir bouilli.

— Puisque je vous rencontre, monsieur Fromental, — lui dit le rustique employé des postes, — vous m'éviterez de monter jusqu'à votre maison. — J'ai une lettre pour vous... — La voilà...

— Merci, — fit le jeune homme en prenant la lettre qu'on lui tendait.

Le facteur se remit en marche pour continuer sa tournée.

— De mon père, sans doute... — pensa Paul.

Et il regarda l'écriture de l'adresse.

— Non, — continua-t-il après un rapide examen. — Ce n'est pas de mon père... — De qui cela peut-il être ? — On dirait une écriture de femme... Si c'était... si c'était...

Il n'osa pas formuler jusqu'au bout sa pensée dans la crainte d'une déception.

Son cœur se mit à battre avec violence...

D'une main fiévreuse il déchira l'enveloppe ; ses yeux coururent à la signature et une expression d'immense joie, ou pour mieux dire d'ivresse, de délire, rayonna sur son visage.

— C'est de Marthe !... — balbutia-t-il avec une émotion qui faisait trembler ses lèvres. — C'est de Marthe !... Que m'écrit-elle ?

Et il dévora les lignes tracées par Pascal sous la dictée du pseudo-Thompson.

— Libre!... elle est libre!! — fit-il après avoir lu — ah! que je suis heureux!! — Je la verrai ce soir!... Ce soir je pourrai sans doute l'arracher à ce docteur, son tyran!! — Elle sera au *Petit-Castel*... Elle y sera avec son Angèle qui lui est toute dévouée, qui connaît son amour et qui veut le servir... — Elle m'attendra... — Ah! ma bien-aimée, mon adorée Marthe, je ne me ferai pas attendre!! Je vous délivrerai... Vous quitterez cette demeure où l'on vous opprime, vous viendrez habiter avec moi sous le toit paternel, et vous serez ma femme!...

Paul relut la lettre puis, après un instant de réflexion, il ajouta :

— Mais non... c'est impossible... — Elle me recommande de garder le secret... — Sans doute elle ne pourra rompre aujourd'hui tout à fait sa chaîne et me suivre... Elle veut sans doute me dire que le moment approche et que je dois me préparer à la recevoir bientôt...

Le jeune homme pressa la lettre contre ses lèvres, la réintégra dans son enveloppe et la plaça dans son portefeuille.

A ce moment La Fouine apparaissait de l'autre côté de l'eau.

Il reprit les rames. — En quelques minutes il

atteignit la berge où Paul l'attendait, et les deux jeunes gens partirent pour la pêche aux écrevisses.

A midi ils étaient de retour à la maisonnette où ils n'apportaient qu'un maigre butin.

Ils se promettaient d'employer l'après-midi à une récréation plus fructueuse, la pêche au *vif* pour le brochet et pour la perche.

A une heure et demie, ils repartaient donc, s'étant munis d'un nouvel outillage.

Paul, — il nous paraît superflu de l'affirmer, — n'avait soufflé mot de son rendez-vous ni à Madeleine ni à La Fouine.

Il attendait avec une indicible impatience l'heure trois fois bénie où il irait rejoindre au *Petit-Castel* la jeune fille qu'il adorait; aussi la pêche, dans laquelle il espérait trouver l'oubli du temps, ne le passionnait guère et ne parvenait point à raccourcir les minutes interminables.

Les résultats de cette pêche n'étaient d'ailleurs pas plus satisfaisants que ceux du matin.

A six heures, Paul donna le signal du retour.

On reprit le chemin de l'habitation.

Comme les deux pêcheurs arrivaient en face de l'endroit où le jeune homme amarrait son bateau, une voix partant de l'autre rive héla Jules Doulenois.

Celui-ci, qui tenait les avirons, releva la tête et regarda d'où venait la voix.

Il aperçut le propriétaire du restaurant de l'île.

Le gros homme, par une pantomime expressive, l'engageait à venir le trouver.

— On vous appelle... — lui dit Paul tout en débarquant, — allez voir ce qu'on vous veut...

La Fouine vira de bord et mit le cap sur l'île.

Quand il se trouva à portée de la voix, le restaurateur lui cria :

— Eh bien! Eh bien! on ne pêche donc plus ?... on délaisse donc les amis ?... qu'est-ce que tu deviens ?

— Ah! m'sieu, n'm'en parlez pas ! — répondit La Fouine — je flâne comme un *myonnaire*, figurez-vous !...

— Alors, tu ne pêches plus, positivement ?

— Si, mais pour mon plaisir...

— Il ne s'agit pas de ton plaisir tout le temps... — Aujourd'hui, il faut me rendre un service...

— Lequel m'sieu ?...

— Tu dois bien t'en douter un peu...

— Dites toujours, comme si je ne m'en doutais pas...

— Ayant une noce demain matin, j'aurais besoin de cinq à six livres de joli poisson.

— Il s'agirait alors de passer la nuit.

— Ça ne serait pas la première!... Deviendrais-tu paresseux?

— Paresseux, jamais !... Seulement, depuis ma blessure, me trouver sur l'eau à la fraîche, quand il fait noir, j'aime pas bien ça...

— Quel mal veux-tu que ça te fasse, la fraîcheur ? Apporte-moi six livres de poisson pour la friture et pour la matelote, je te les payerai... oui, ma foi, je te les payerai quinze francs !...

— Eh bien, je pêcherai, mais pour vous faire plaisir et non pour les 15 francs !...

— Ah ! ça, c'est gentil ! c'est très gentil !... — tu n'auras pas besoin d'ailleurs de passer toute la nuit... Le poisson fait son remontage en ce moment dans les bras d'eau courante, et en deux heures tu peux terminer ton affaire... — Point de lune... le temps est doux... ça mordra comme tu voudras...

— C'est des choses qui se disent, ça, m'sieu. — Enfin, j'ai promis... j'essayerai de tenir... à demain...

— Je te vas préparer les trois pièces de cent sous...

La Fouine rama vers la berge où Paul était descendu.

XLIII

— Qu'est-ce que le restaurateur avait à vous dire?
— demanda le fils de Raymond à Jules Boulenois.
Celui-ci rendit compte de la proposition qui venait de lui être faite.
— Six livres de poisson! — répéta Paul. — C'est beaucoup!... — Pensez-vous les prendre?...
— Tout de même... — Il a raison, le patron, c'est le moment du *remontage*, et dans le petit bras, la nuit, ça grouille...
— De quel bras parlez-vous?
— De celui qui côtoie l'enclos du *Petit-Castel*.
— A droite? — fit le jeune homme inquiet.
— Non, à gauche.
Paul respira.
Si La Fouine était allé pêcher dans le bras de Marne du côté droit, celui qu'il devait prendre pour aller à

son rendez-vous, Jules Boulenois n'aurait pas manqué de le voir, et alors adieu le secret!

— Vous venez dîner avec moi, n'est-ce pas? — demanda-t-il.

— Ce n'est point de refus, m'sieu Paul! — répondit le pêcheur philosophe; — mais rentrez à la maison sans moi, s. v. p., — j'irai vous rejoindre.

— Où allez-vous donc en ce moment?

— Préparer mon bateau et mettre en ordre mes ustensiles pour cette nuit.

Paul regagna la maisonnette.

La Fouine amarra le canot, alla faire sa provision de terre et d'amorces, les plaça dans son bateau avec ses lignes et son épuisette, et vint ensuite retrouver le fils de Raymond.

Le dîner des deux jeunes gens ne se prolongea guère.

A la nuit tombante, Boulenois prit congé de son hôte, courut détacher son embarcation et prit en mains les avirons.

Il remonta le petit bras qui côtoyait à gauche le parc du *Petit-Castel*, et vint amarrer son bachot à côté de celui du docteur Thompson, c'est-à-dire un peu au-dessous du déversoir de la pièce d'eau du parc en miniature.

C'était vers cette eau courante que les barbillons remontaient par bandes.

Il amorça consciencieusement sa place, et se mit en devoir de pêcher la matelote et la friture achetées d'avance par le patron du restaurant de l'île.

En ce moment huit heures sonnaient à l'église de Joinville-le-Pont.

Le vent du nord apportait aux oreilles de La Fouine le bruit sonore du marteau frappant sur l'airain.

La nuit s'annonçait comme devant être très sombre.

Nous quitterons un instant les bords de la Marne et nous prierons nos lecteurs de nous accompagner à l'hôtel de la rue de Miromesnil, quelques heures avant le moment où Jules Boulenois procédait à son installation.

Il était cinq heures du soir.

La consultation venait de finir.

Jacques semblait joyeux.

Depuis la scène avec Marthe, scène étrange et violente à laquelle nos lecteurs ont assisté, il avait attaché sur son visage un masque impénétrable.

Il paraissait gai ; — il parlait à Marthe d'un ton affectueux, plus affectueux peut-être encore que de coutume.

En quittant son cabinet, il se rendit dans la pièce voisine où la jeune fille s'occupait à relever le compte des sommes versées par les consultants.

La physionomie de Marthe exprimait une mélancolie indicible.

— Mon enfant, — dit Jacques, — ce visage sombre m'afflige profondément... — il est un reproche muet pour moi...

— Un reproche? — répéta l'orpheline en levant sur son interlocuteur ses grands yeux humides.

— Oui, et non seulement un reproche, mais l'expression d'une défiance imméritée.

— Je ne vous comprends pas, monsieur le docteur...

— Si vous ne doutiez point de ma parole, seriez-vous triste après ce que je vous ai promis ?...

— Est-ce être triste que d'attendre avec quelque impatience les résultats de vos promesses ?...

— Vous désirez que je vous conduise sans retard au *Petit-Castel* où vous résiderez jusqu'au moment de votre prochain mariage avec Paul Fromental ?

Les prunelles de Marthe étincelèrent.

— Je le désire de toute mon âme... — répondit-elle.

— Tout est préparé au *Petit-Castel* pour vous recevoir...

— Bien vrai ?...

— Oui, bien vrai...

— Et vous m'y conduirez ?

— Dès ce soir, avec Angèle qui sera pour vous une compagne... — Là vous jouirez d'une liberté sans limite et sans contrôle... — Vous agirez à votre guise... — Vous écrirez à Paul Fromental de venir vous voir, et vous vous entendrez avec lui et avec son père pour fixer le moment de votre mariage... — Je verrai ensuite M. Raymond Fromental, et je réglerai la question de votre dot... Car il est bien entendu que je vous donne une dot... Et vous ne la refuserez pas... Un refus me blesserait douloureusement... — Or, je ne vous crois point l'intention de me blesser et de me faire souffrir.

Marthe se leva et vint tendre ses deux mains au docteur.

En les prenant, il frissonna.

— J'accepte... — dit l'orpheline d'une voix émue. — Merci! Merci de tout mon cœur !... — Vous êtes bon ! — Quand partirons-nous ?

— Les ordres sont donnés... — Nous partirons à neuf heures... — Demain, nous passerons la journée tous ensemble... — Préparez seulement les objets qui vous sont indispensables pour quarante-huit heures. — On vous fera, d'ici à deux jours, l'envoi de vos malles...

— Encore une fois, merci !

Et Marthe, radieuse, alla s'enfermer dans sa chambre où, tombant à genoux, elle remercia Dieu du bonheur qu'elle attendait depuis si longtemps et qu'il lui accordait enfin.

Sa prière d'action de grâce achevée, elle s'occupa

de ses bagages, mais sa pensée était ailleurs; elle entassait tout dans ses malles, en désordre et pêle-mêle.

A sept heures, on vint la chercher pour dîner.

— Êtes-vous prête, mignonne ? — lui demanda Angèle.

— Oui. — Et vous ?

— Oh ! moi, je ne suis jamais en retard !

A neuf heures cinq minutes deux voitures sortaient de l'hôtel.

Dans l'une se trouvaient Marthe et Angèle.

Jacques Lagarde et Pascal Saunier occupaient la seconde.

— Nous touchons au but, mon vieux camarade, — disait au pseudo-Thompson l'ex-secrétaire du comte de Thonnerieux. — Avant trois jours nous serons au château des Granges-de-Mer-la-Fontaine, et nous mettrons la main sur les millions de feu mon patron !!

Jacques ne répondit pas.

Il était redevenu profondément sombre.

En ce moment il ne pensait point aux millions, il pensait à Marthe, et il se disait que dans quelques heures Marthe serait morte.

Soudain un frisson passa sur sa chair.

Il ferma les yeux, mais il ne [parvint pas à éloigner la vision du sinistre tableau qui l'épouvantait.

Laissons rouler les deux voitures vers le *Petit-Castel* et prions nos lecteurs de nous accompagner de nouveau dans la cave servant de prison au jeune comte Fabien de Châtelux.

Depuis le moment où nous nous sommes séparés de lui, Fabien n'avait eu qu'une pensée : sortir de son cachot pour aller au secours de sa mère, qu'il sentait menacée.

Il lui fallait la liberté, il la lui fallait à tout prix, et il ne lui paraissait point impossible de la conquérir, grâce à la bouche du canal de dégagement au fond duquel il entendait l'eau rapide gronder au-dessous ce lui.

Armé du couteau dont nous avons parlé déjà, il s'était agenouillé sur le sol de la cave, et il avait cherché à entamer le ciment scellant la pierre du conduit.

Mais c'est à peine si la pointe flexible mordait sur le ciment.

Fabien se leva, mit sous son pied l'extrémité de la lame du couteau dont il tenait le manche, et d'un coup sec il la brisa.

Le tronçon de lame emmanché qui lui resta dans la main n'était plus flexible.

Il recommença son travail dans des conditions toutes différentes.

Cette fois le fer mordait le ciment, le désagrégeait et le réduisait en poussière.

Combien de temps devait durer ce travail fatigant avant qu'il fût possible d'obtenir, grâce à lui, un résultat complet?

Fabien ne pouvait s'en rendre compte, mais il se jurait de ne céder ni à la fatigue ni au découragement.

Pendant toute la nuit il peina, ne s'interrompant pendant quelques secondes que pour essuyer son front couvert de sueur, et pour prendre un peu de nourriture.

Il continua pendant tout le jour, quoiqu'il éprouvât de violentes douleurs dans les genoux et dans les articulations des bras...

Mais que lui importait la douleur?

Il s'agissait d'être libre et d'aller au secours de sa mère !

A cinq heures du soir, il lui restait pour environ quatre heures de travail.

Ses doigts, tordus par des crampes fréquentes, menaçant de refuser le service, il fut contraint de prendre un peu de repos.

Au bout d'une demi-heure, après avoir mangé et bu, il se remit à la besogne.

Le ciment cédait.

L'œuvre avançait.

Il ne s'agissait plus que de désagréger quelques centimètres de scellement, et il deviendrait possible de soulever cette dalle arrondie que nous avons comparée à une pierre d'égout.

Dans une heure, dans une demi-heure peut-être, la besogne serait achevée.

Fabien regarda sa montre.

Elle marquait huit heures et demie.

— Allons, — se dit le jeune homme, — du courage ! — la nuit, au dehors, doit être profonde, — je pourrai m'échapper sans être vu !

Et de nouveau il attaqua le ciment.

Enfin tout fut terminé !!

La lame du couteau ne rencontrait plus d'obstacle.

Il ne restait qu'à soulever la pierre.

Fabien introduisit trois de ses doigts dans l'ouverture centrale, arc-bouta ses deux jambes sur le sol, et déploya une vigueur musculaire que doublaient l'espoir de la liberté prochaine et la soif de la vengeance attendue.

La pierre céda, vint lentement sous l'effort, bascula, et le trou béant apparut.

Le jeune comte se pencha sur l'ouverture.

Il lui sembla qu'il pourrait presque toucher avec la main l'eau rapide, tandis qu'un courant d'air frais le frappait au visage.

Deux larmes de joie coulèrent sur les joues de Paul, tandis qu'il élevait son âme et remerciait Dieu.

Ce premier moment de grande émotion passé, il prit sa veilleuse et il éclaira le trou.

Soudain une pâleur mortelle envahit son visage.

Tout ce qu'il avait fait, il l'avait fait en vain !...

Au côté gauche de l'ouverture, une grille barrant le canal de dégagement venait de lui apparaître.

Cette grille, garnie d'un treillage très serré, servait à empêcher le poisson de s'échapper de la pièce d'eau.

C'est tout au plus s'il existait un espace libre de vingt centimètres entre la paroi supérieure du canal et le haut de cette grille.

La conduite était ainsi fermée à deux endroits, à la sortie du petit lac et au point central, correspondant à la bouche placée dans le caveau.

— Dieu m'abandonne ! — pensa Fabien. — Travail perdu ! espoir envolé ! Si je savais au moins où je suis... Si j'avais chance d'être entendu... Je crierais... J'appellerais par cette ouverture, et l'on viendrait à mon secours ! — Mais si mon appel arrivait aux oreilles de mes ennemis, je serais perdu ! — Eh ! qu'importe ? — J'essayerai quand même.

Et, se penchant sur l'ouverture, Fabien lança ces deux mots :

— A moi !...

Un bruit sourd, presque pareil à un grondement lointain de tonnerre, roula dans la conduite souterraine.

En ce moment, neuf heures sonnaient au clocher de Joinville-le-Pont.

Le cri poussé par Fabien et grossi par les parois de la conduite comme par un porte-voix gigantesque, fit violemment tressauter un homme qui pêchait près de la bouche du déversoir.

Cet homme, c'était La Fouine.

Il lâcha sa ligne et, se demandant s'il venait d'être le jouet d'une illusion, il prêta l'oreille.

Un second appel retentit, plus strident encore, plus prolongé que le premier.

— La voix vient de là, — se dit Jules Boulenois, frissonnant jusqu'aux moelles, en se désignant à lui-même la bouche du déversoir. — Qu'est-ce que ça signifie ? — C'est un appel au secours. — Quelqu'un serait-il en danger au *Petit-Castel* ?

S'approchant alors de l'endroit d'où l'eau s'échappait en bouillonnant, il mit sa tête au niveau de l'ouverture et cria de toutes ses forces :

— Qui appelle ?...

Dans sa prison, Fabien poussa une exclamation de joie et de triomphe.

Il avait été entendu.

15.

On lui répondait.

C'était le salut probable, pour ne pas dire certain.

De nouveau il se pencha et répéta :

— A moi !

— J'entends très bien... — dit La Fouine. — Vous appelez à l'aide... — On fera ce qu'il faut... mais, quoi ?

— Attendez, — répliqua Fabien.

Une idée venait de lui traverser le cerveau.

Il fouilla dans sa poche, y prit un agenda qui s'y trouvait et, sur une page blanche, il écrivit ces mots :

« *Suis prisonnier, je ne sais où, d'un misérable qui se nomme le docteur Thompson. — Prévenez ma mère, la comtesse de Chatelux, rue de Tournon, 19.*

« Fabien de Chatelux. »

Ceci fait, il arracha la page, la roula, prit sur la table une bouteille vide, glissa dans l'intérieur son papier bien roulé, et la reboucha soigneusement.

XLIV

Le prisonnier, sa besogne achevée, vint se mettre à genoux auprès de l'ouverture.

— Oh! eh! — fit-il.

— Oh! eh! — répondit La Fouine toujours aux écoutes.

— Surveillez le cours d'eau, — reprit Fabien. — Arrêtez au passage ce qui va venir à vous.

— Qu'est-ce que c'est?

— Une bouteille.

Et le jeune homme, glissant entre le haut de la grille et la voûte de la conduite la bouteille qu'il tenait à la main, la laissa tomber dans l'eau.

La Fouine, l'œil fixé sur la bouche sombre du déversoir, attendait avec impatience et anxiété.

Il avait eu soin de placer son épuisette juste devant

l'ouverture où, gonflée par le courant, elle formait poche.

Tout à coup, il se produisit un léger choc.

Le pêcheur retira son épuisette.

La bouteille s'y trouvait.

Sans perdre une seconde La Fouine la déboucha et il en fit sortir le papier roulé.

S'étendant alors au fond de son bateau, il enflamma une allumette, déroula le billet et le lut.

En arrivant au nom de Fabien de Chatelux il tressauta ; puis, se penchant vivement vers la bouche du déversoir, il cria :

— M'sieu Fabien...

— Quoi ? — demanda le prisonnier.

— C'est moi...

— Qui, vous ?...

— Un ami !... La Fouine !!...

— Je compte sur vous, mon ami... — Sauvez-moi !

— Êtes-vous menacé tout de suite ?...

— Tout de suite, je ne le crois pas, mais bientôt peut-être...

— Courage, m'sieu Fabien, bon espoir, et attendez !!

— J'ai du courage et j'attendrai... seulement hâtez-vous !...

La Fouine avait détaché l'amarre de son bateau.

Il saisit les avirons, les mania vigoureusement,

aborda de l'autre côté du bras, amarra l'embarcation à une souche, gravit la berge, suivit au pas de course le chemin de halage et gagna tout en courant la gare du chemin de fer.

Un train arrivait — il y monta.

— Non, pas rue de Tournon... Pas chez sa mère, — se disait-il en reprenant haleine. — Mais rue Saint-Louis-en-l'Ile, chez m'sieu Fromental...

A dix heures et quart il arrivait à Paris et se rendait aussitôt à l'île Saint-Louis.

Le brave La Fouine ignorait l'absence de Raymond!...

A cette même heure Fabien de Chatelux entendait soudain deux voitures rouler dans la cour du *Petit-Castel*.

Ce bruit inattendu, si menaçant pour lui, fit passer un frisson dans ses veines.

Les voitures contenaient, nous le savons, Jacques Lagarde, Pascal Saunier, Angèle et Marthe.

Elles reprirent aussitôt le chemin de Paris, tandis que les arrivants entraient dans la villa dont Angèle venait d'ouvrir les portes.

Pascal alluma des bougies, et tout fut refermé immédiatement.

Nous passerons la fin de la soirée tous ensemble, ma chère Marthe... — dit le pseudo-Thompson. — Angèle va préparer nos chambres...

— Ne puis-je l'aider ?

— Non... Soyez assez aimable pour vos occuper de notre souper, dont un panier déposé par Pascal dans l'antichambre renferme les éléments. — Inutile de faire du feu, tout doit être servi froid... — Vous trouverez dans le buffet de la salle à manger ce qu'il faudra pour dresser le couvert...

Tandis que Marthe disposait la table, Jacques et Pascal allaient ensemble s'occuper des préparatifs de leur œuvre de mort.

Au bout d'une demi-heure, tout le monde se rejoignit à la salle à manger.

Viandes froides, pâtisseries et fruits étaient placés en bel ordre sur la table bien éclairée.

Les quatres convives s'assirent, et d'une main habile, Jacques Lagarde découpa les tranches minces d'un jambon d'York à la chair ferme et délicatement rosée.

Le repas fut gai.

Pascal faisait preuve d'une verve inépuisable ; — Marthe elle-même souriait, car son âme s'ouvrait avec confiance à l'espoir d'un prochain bonheur.

Le temps passa rapidement.

Quand les aiguilles de la pendule marquèrent minuit moins un quart, Angèle quitta la table sous le premier prétexte venu, sortit de la villa, traversa le petit pont, arriva sur la berge du bras de Marne enveloppant le côté droit de la propriété, et là, se cachant dans l'ombre d'un massif très épais, elle attendit, sondant du regard les ténèbres, épiant le moindre bruit.

∴

Paul Fromental s'était retiré de bonne heure dans sa chambre.

Madeleine fatiguée se disposait à gagner son lit.

A deux pas de la porte extérieure du jardin de la maisonnette se trouvait l'agent Vernier à la minute précise où la vieille servante, au moment de rentrer, jetait un coup d'œil au dehors afin de s'assurer que tout était tranquille.

L'agent venait aux renseignements.

— Rien de nouveau ? — demanda-t-il.

— Rien, — répondit Madeleine. — Il est couché, je vais en faire autant, et je crois que vous ferez bien de suivre notre exemple...

— Bonne nuit, alors.

— Bonne nuit.

Vernier, parfaitement convaincu qu'aucun danger

n'était imminent, se rendit chez son collègue, le prévint que tout allait bien, et regagna son domicile.

L'absence de la lune, — en ce moment dans son premier quartier, — rendait la nuit très noire.

La chaleur était lourde, orageuse, étouffante.

Une fois dans la chambre qu'il occupait, Vernier se déshabilla à moitié, bourra sa pipe et se mit à fumer en s'accoudant à l'appui de sa fenêtre.

Cette fenêtre dominait le chemin de halage et la Marne.

Un semblant de fraîcheur montant de la rivière caressait les tempes de l'agent qui se sentait éveillé comme à midi.

Il entendit sonner dix heures, onze heures, au clocher de Joinville-le-Pont, puis la demie après onze heures.

Tout était calme, silencieux.

On n'entendait d'autre bruit que le petit murmure doux et monotone des eaux de la Marne coulant entre leurs rives.

— Onze heures et demie... — se dit Vernier. — Il est temps d'essayer de dormir, seulement, comme on cuit ici, je laisserai ma fenêtre ouverte...

Il acheva de se dévêtir et il se jeta sur son lit, mais il lui fut impossible de fermer l'œil.

Paul, lui non plus, ne dormait pas ce soir-là, — il nous paraît tout à fait superflu de l'affirmer.

Le rendez-vous auquel il devait aller remplissait sa pensée tout entière.

Certes il se souvenait bien des recommandations paternelles; mais ce n'était point ici le cas de s'y conformer, puisqu'aucun péril ne pouvait le menacer auprès de Marthe qui l'aimait.

Avec la fiévreuse impatience des amoureux, il attendit onze heures.

Il s'était habillé et, se rappelant comment il avait réussi à déjouer la surveillance de Madeleine pour aller à Paris où l'appelait le bal du docteur Thompson, il résolut d'user du même moyen ce jour-là.

En effet, à onze heures et demie précises, il sautait par la fenêtre et, gagnant à petit bruit la porte du jardin qu'il ouvrit sans peine, car Madeleine en la fermant n'avait point retiré la clef, il se trouva sur la route.

D'un pas rapide il suivit le chemin de halage, et se dirigea vers l'endroit où son canot était amarré.

Si léger qu'il fût, le bruit de sa marche sur la terre sèche résonnant dans le silence de la nuit avait fait dresser l'oreille de Vernier.

Obéissant d'une façon presque inconsciente à son instinct de policier, l'agent sauta en bas de son lit et courut à sa fenêtre ouverte.

Son regard sonda les ténèbres.

Il vit, ou plutôt il devina une ombre qui disparut en descendant le rapide talus de la berge.

— Qu'est-ce que c'est que ce rôdeur-là ? — se demanda Vernier.

Presque aussitôt après il entendit le bruit d'une chaîne qu'on détachait et qu'on plaçait avec précaution dans la *levée* d'une barque.

Puis des pas foulèrent le plancher de cette barque et deux avirons frappèrent l'eau en cadence.

— Hum! hum! — murmura l'agent — qu'est-ce que ça signifie, tout ça? — Un gaillard qui va se promener à pareille heure, par une nuit si noire, ça me paraît louche... — Je ne sais pas si je me trompe, mais il me semble que je flaire quelque chose...

En quatre secondes, Vernier s'était rhabillé, — il avait mis un revolver dans sa poche et, sortant de la rustique auberge sans réveiller quelqu'un, il gagna la crête de la berge d'où ses yeux perçants interrogèrent la Marne.

Il distingua la forme vague d'un canot qui s'éloignait.

Il vit le canot entrer dans le petit bras coulant à droite du parc touffu dont il admirait les ombrages, et disparaître.

— Tu auras beau faire, mon gaillard, — reprit le policier, — je saurai où tu vas...

Et courant jusqu'à la demeure de son collègue, il l'appela à mi-voix.

Le second agent, lui non plus, ne dormait pas.
— C'est toi, Vernier ? — demanda-t-il en ouvrant la fenêtre.
— Oui.
— Qu'est-ce qu'il y a ?
— Habille-toi, éveille le mastroquet, et viens me rejoindre avec lui.
— Bon...

Un instant après la porte tournait sur ses gonds, et l'agent apparaissait avec l'aubergiste.
— Un bateau !... vite ! — dit Vernier à celui-ci qui répondit :
— Le bateau est là...
— Donnez-moi des rames et détachez la chaîne...
Ce fut fait en un clin d'œil.
— Maintenant, — reprit Vernier en embarquant, — je n'ai plus besoin de vous... allez vous recoucher...
— Et moi ? — demanda le collègue.
— Attends et veille...

Puis, poussant l'embarcation, Vernier prit le large. Minuit sonnait.

A cette minute précise, Paul arrivait au débarcadère du *Petit-Castel*.

Angèle, ayant entendu le bruit des avirons, s'était avancée.
— Est-ce vous ? — fit-elle d'une voix très basse.

— C'est moi... — répondit le jeune homme tremblant d'émotion.

— Venez!

Le fils de Raymond sauta sur la première marche de l'escalier, attacha son bateau et tendit la main à Angèle.

— Venez! — répéta la misérable créature en saisissant cette main.

Et, tout en entraînant Paul vers la villa, elle fut subitement prise d'un accès de toux sèche qui devait être un signal.

En effet Jacques, depuis la salle à manger, entendit cette toux, et fit un signe imperceptible à Pascal qui se leva aussitôt.

— Attendez-nous ici, mon enfant... — dit le docteur à Marthe. — Nous allons fumer un cigare et nous revenons.

Prenant alors une lumière, Jacques entra dans l'office avec Pascal, refermant derrière lui la porte qu'il verrouilla sans bruit.

Ceci fait, il tira de l'armoire où il était placé le pulvérisateur rempli de kérosélène, l'installa à la hauteur du trou qui traversait la muraille et dont l'extrémité aboutissait dans la salle à manger, ajusta au tube métallique le bout de caoutchouc et attendit.

Tout en se livrant d'une façon machinale à cette

besogne, il était pâle comme un spectre et tremblait comme un fiévreux de la campagne de Rome.

Une sueur glacée couvrait son front.

Pascal Saunier conservait, lui, un inaltérable sang-froid.

Tandis que ces choses sinistres se préparaient au *Petit-Castel*, que se passait-il à Paris ?

A neuf heures dix minutes, la dépêche chiffrée de Raymond Fromental arrivait à la préfecture de police.

Le préfet n'était point dans son cabinet, mais comme il attendait des nouvelles et comme il avait donné des ordres, cette dépêche lui fut à l'instant même portée chez lui.

En la lisant, il poussa une exclamation de joie.

— Qu'on attelle et qu'on se hâte ! — commanda-t-il ensuite à son valet de chambre.

— Le coupé ?

— Non... — Un landau à deux chevaux.

Dix minutes plus tard le landau était attelé.

Il y monta, donna l'ordre de toucher à la préfecture et fit demander le chef de la Sûreté.

Celui-ci était absent.

— Qu'on le cherche, qu'on le trouve, qu'on l'amène ! — s'écria le préfet. — Qu'on prévienne le commissaire aux délégations de service, que dix agents se tiennent prêts à partir et qu'on amène des voitures de remise.

A dix heures, tout le monde était rassemblé et le préfet donnait lecture au chef de la Sûreté et au commissaire aux délégations de la dépêche de Fromental, et après cette lecture il ajoutait :

— Brave Raymond !! — Il aura bien gagné sa grâce, celui-là !!

Les voitures attendaient.

Les agents commandés y prirent place, trois par voiture, deux dans l'intérieur, un sur le siège à côté du cocher.

— Rue de Miromesnil, — dit le préfet.

Les véhicules s'ébranlèrent, roulèrent à toute vitesse sur le pavé de Paris, et ne s'arrêtèrent que devant l'hôtel du docteur Thompson.

XLV

A ce moment, — dix heures et demie, — La Fouine arrivait, rue Saint-Louis-en-l'Ile, chez Raymond Fromental.

Apprenant qu'il n'était point à Paris il monta en voiture, lui aussi, et promettant un fort pourboire, se fit conduire au trot le plus rapide à la Préfecture de police.

Là il demanda le chef de la Sûreté et fut envoyé au bureau du commissaire du service de nuit.

Celui-ci, après avoir écouté sa déclaration dont il comprit toute l'importance, lui dit d'aller rue de Miromesnil où il trouverait le préfet de police et le chef de la Sûreté.

La Fouine repartit, très anxieux.

Rue de Miromesnil, la porte fut ouverte par le concierge, épouvanté de voir tant de monde.

On le saisit, et les agents firent irruption dans l'hôtel.

Nous savons déjà qu'on n'y devait trouver que des domestiques, endormis déjà, et dont le réveil fut désagréable car on leur déclara qu'ils étaient bien et dûment prisonniers, et que jusqu'à plus ample informé on allait les expédier au Dépôt.

— Ceux-là sont les comparses ! — murmura le haut fonctionnaire en frappant du pied avec colère. — Les vrais coupables nous échapperaient-ils ? — Ce serait jouer de malheur !...

— Que monsieur le préfet n'aie aucune crainte à cet égard... — dit le chef de la Sûreté... — Nous saurons où ils sont... — Qu'on amène le concierge... — ajouta-t-il en s'adressant à un agent.

Le pauvre diable fut amené, mourant de peur, ainsi que sa femme qui avait dû se lever et s'habiller en toute hâte.

— Messieurs... mes bons messieurs... — criait-il avec son accent lorrain et des larmes dans la voix, — je n'ai rien fait, moi... rien du tout ! — Qu'est-ce que vous me voulez ?

— Répondez-moi franchement et il vous en sera tenu compte... — commença le chef de la Sûreté.

— Je répondrai franchement. Je ne demande que ça, n'ayant rien à cacher... Je dirai ce que je sais... Mais je ne sais rien...

— Vous savez du moins où est en ce moment votre maître, le docteur Thompson ?

— Oh ! quant à ça, oui. — En qualité de cocher, car je suis cocher également, je l'ai conduit ce soir à sa propriété de Créteil... Je venais de rentrer quand vous êtes arrivés...

— Il était seul ?...

— Non, monsieur, il y avait avec lui son secrétaire, et dans une seconde voiture madame Angèle et mam'selle Marthe...

— *Marthe* ! — répéta le chef de la Sûreté, — l'héritière du comte de Thonnerieux, certainement.

— Sans doute ils l'ont conduite là-bas pour la tuer !... — ajouta le préfet avec épouvante.

— Vous allez nous mener à la propriété du docteur Thompson... — reprit le chef.

— C'est moi qui vous y mènerai, m'sieu, s. v. p... — fit tout à coup une voix grasseyante.

Cette voix était celle d'un jeune homme introduit par un brigadier et qui venait de traverser le groupe des agents massés près de la porte.

Ce nouveau venu n'était autre que La Fouine.

Tous les yeux se fixèrent sur lui avec étonnement.

— Qui êtes-vous ? — demanda le préfet.

— Je suis Jules Boulenois, un des héritiers du comte de Thonnerieux... répondit-il. — Les gredins en question ont voulu me tuer... — ils ont manqué leur coup, comme vous voyez, m'sieu, mais ils m'ont volé ma médaille... — Venez donc où je vais vous conduire et, je vous le dis, dépêchez-vous, car à l'heure qu'il est m'sieu Fabien de Chatelux est déjà mort peut-être, assassiné par eux.

— Fabien de Chatelux !... — répétèrent à la fois le préfet de police et le chef de la Sûreté...

— Lui-même...

— Mais comment ?...

— Oh ! partons ! — interrompit la Fouine. — Partons !... il n'est que temps !... Je vous raconterai en route tout ce que vous voudrez savoir...

Des ordres furent donnés.

Deux agents restèrent en surveillance dans l'hôtel.

Tout le monde rejoignit les voitures.

— Route de Charenton ! — cria La Fouine, et les cochers fouettèrent leurs chevaux.

Le pêcheur philosophe était monté dans le landau du préfet de police où se trouvaient aussi le chef de la Sûreté et le commissaire aux délégations.

Jules Boulenois, pendant le trajet de la rue de Miromesnil à la place de la Bastille, les mit au courant de ce qui se passait au *Petit-Castel*.

A onze heures les voitures, marchant à la vitesse d'un train express, entraient dans la rue de Lyon.

Soudain, d'un fiacre venant en sens inverse et croisant le landau partit ce cri répété deux fois :

— Arrêtez !... Arrêtez !...

Le chef de la Sûreté fit un bond.

Et à son tour il cria :

— Arrêtez !...

Le cocher du préfet fit sentir le mors à ses chevaux qui, dociles, s'immobilisèrent.

En même temps Raymond, arrivé de Joigny depuis cinq minutes, apparaissait à la portière.

A la lueur d'un bec de gaz il avait reconnu le cocher du préfet de police et, voyant plusieurs voitures derrière le landau, il avait tout compris.

Il jeta cinq francs au cocher de son fiacre, monta près des magistrats et ses premières paroles furent celles-ci :

— N'arriverons-nous pas trop tard ?...

**

Jacques et Pascal attendaient dans l'office.

Le médecin, la main posée sur la boule de caoutchouc du pulvérisateur, se tenait prêt à presser cette boule et à saturer ainsi l'atmosphère de la salle à manger de la vapeur mortelle du kérosélène.

Paul Fromental et Marthe devaient succomber les premiers.

Fabien de Chatelux mourrait ensuite.

— Nous touchons au but ! — murmurait Pascal à l'oreille de Jacques. — Demain, nous aurons toutes les médailles !...

Marthe, en attendant le retour d'Angèle et des deux hommes, utilisait sa solitude pour penser à Paul.

Soudain se rouvrit la porte par laquelle Angèle était sortie.

La jeune fille tourna la tête, et un cri de joie, d'étonnement et aussi d'inquiétude, s'échappa de ses lèvres.

Immobile sur le seuil et le visage rayonnant d'amour Paul lui tendait les bras.

Il entra.

Derrière lui Angèle referma la porte et, comme l'avait fait Jacques pour l'issue donnant dans l'office, elle poussa les verrous extérieurs.

— Vous !... vous ici ! — dit la jeune fille d'une voix tremblante ; — qui vous a fait venir ?

— Mais, n'est-ce pas vous ? — demanda Paul en souriant.

— Moi ? — s'écria Marthe avec une véritable terreur. — Moi ?

— Sans doute... — Ne m'avez-vous point écrit ?

— Mon Dieu ! mon Dieu ! — bégaya l'orpheline devenue très pâle et chancelant. — Nous sommes tous deux tombés dans un piège. — Nous sommes perdus !...

— Un piège !... perdus !... — répéta Paul pris de surprise à son tour. — Que signifie cela ?... — J'ai reçu votre lettre... je l'ai lue et je suis venu...

16.

— Mais, malheureux !... je ne vous ai pas écrit...

— Voici votre lettre !... — dit le fils de Raymond en tirant de sa poche la lettre que nous connaissons.

Marthe la saisit et déplia vivement la feuille.

— Il n'y a rien d'écrit sur ce papier !! — fit-elle ensuite, en se demandant si Paul ne devenait pas fou.

— Comment, rien ?...

— Voyez vous-même... — Il y a deux timbres sur l'enveloppe, mais aucune suscription et cette page est blanche...

— C'est impossible !! impossible !! — répliqua le jeune homme en reprenant la lettre et en regardant d'un œil égaré la place où aurait dû se trouver l'écriture, — il y avait là des lignes. — Je les ai relues dix fois... Vingt fois... Je les sais par cœur... Ecoutez...

Et il récita de mémoire :

« Mon ami,

» Je vous ai promis, quand je serais libre, de vous dire : — Venez à moi ! — Je suis libre, je serai demain soir au *Petit-Castel* avec Angèle qui m'est absolument dévouée...

» Traversez demain à minuit le bras de la Marne qui côtoie le parc du côté droit, et abordez au débarcadère.

» Angèle vous attendra pour vous conduire près de moi.

» Que personne au monde ne puisse se douter de ce rendez-vous, si vous voulez que je vous appartienne pour la vie.

» Celle qui vous aime de toute son âme,

« MARTHE. »

L'orpheline écoutait avec une terreur croissante et restait muette.

— N'avez-vous donc pas écrit cela ? — demanda Paul frémissant.

— Non! non! non!... je n'ai pas écrit!... — Entendez-vous, je n'ai pas écrit!! — Ah! le piège était bien tendu!!! nous sommes entre les mains du docteur Thompson, de Pascal Rambert et d'Angèle... Notre arrêt est prononcé! n'attendez rien : n'espérez rien!... nous sommes condamnés!

A travers un imperceptible judas pratiqué dans la porte, Jacques Lagarde ne perdait pas un mot du débat des deux jeunes gens.

— Oui, — dit-il alors d'une voix très haute aux intonations métalliques qui sonnait comme un glas funèbre — oui, vous êtes condamnés, mais je vous accorde une joie suprême, qui vous sera précieuse puisque vous vous aimez, celle de mourir ensemble.

— A quoi bon tant de paroles ? — murmura Pascal à l'oreille de son complice, — hâte-toi donc d'en finir !!

Marthe tomba dans les bras de Paul, qui la pressa sur son cœur bondissant !...

Ils n'entendaient plus rien... — Ils respiraient un parfum faible mais enivrant.

Jacques venait de presser la boule du vaporisateur, et déjà l'atmosphère de la salle à manger se chargeait des vapeurs du kérosélène.

L'anesthésie allait commencer.

Soudain, au dehors, un bruit inattendu retentit.

On attaquait à la fois, avec autant d'ensemble que de vigueur, les portes et les fenêtres de la villa. — On les sentait craquer sous le choc.

Marthe et Paul poussèrent un cri de joie, tandis qu'une exclamation d'épouvante s'échappait des lèvres de Jacques et de Pascal.

Une sourde explosion ébranla la muraille de l'office et Jacques, le blasphème à la bouche, tomba à la renverse, le visage ruisselant de sang.

Au moment où les bruits du dehors arrivaient à son oreille, un mouvement nerveux de sa main lui ayant fait exagérer la pression, le pulvérisateur venait d'éclater, lançant de tous côtés des débris de verre.

Un de ces débris avait pénétré profondément

dans la joue du docteur, au-dessous de l'œil droit.

Pascal voulait fuir, mais affolé complètement il ne savait où trouver une issue.

Paul et Marthe appelaient à l'aide, heurtant du poing les portes closes.

— Mon fils ! mon fils ! — criait Raymond d'une voix que l'angoisse et la terreur atteignant leur paroxysme, rendaient tremblante, — où est mon fils ?

Le pauvre père était à la tête des agents faisant le siège du *Petit-Castel*.

En arrivant à la villa qu'on avait envahie par la Marne, grâce au bateau de La Fouine, Raymond avait rencontré Vernier.

Or, Vernier venait de reconnaître le bateau de Paul attaché à l'embarcadère de la propriété, ce qui lui permettait de dire à coup sûr à Raymond :

— Votre fils est là...

— Il est là ! — se répétait Fromental ; — mais vivant ou mort ?

Et sans cesse il se répétait cette effrayante question :

— Vivant ou mort ?

Enfin une des portes qu'on attaquait tomba brisée.

Les agents firent irruption dans la villa, Raymond en tête.

Guidé par la voix de Paul, celui-ci alla droit à

la porte de la salle à manger, tira les verrous et ouvrit.

Paul et Marthe vinrent se jeter sur sa poitrine, dans ses bras... Ils étaient sauvés...

Pascal tenta une résistance inutile.

Les agents le domptèrent et lui mirent les menottes.

Jacques Lagarde, sans connaissance, gisait sur le parquet de l'office.

Angèle avait eu le temps de monter au premier étage et de s'y blottir dans une armoire un peu étroite pour la contenir.

C'est là qu'on la trouva et qu'on la *cueillit*.

Des agents, conduits par La Fouine, étaient descendus au sous-sol.

La Fouine appelait Fabien de toutes ses forces.

Le jeune comte de Chatelux répondit.

Bientôt la porte fut brisée.

— Et ça va bien, m'sieu Fabien?... — fit le pêcheur philosophe en serrant les mains du jeune homme. — Quelle veine qu'il y ait eu un déversoir dans la propriété, croyez-vous?... — Ça allait bigrement mal tourner sans ça!... — Montez un peu là-haut, m'sieu Fabien... ils y sont tous, on a pincé les gueux, et ça fait un mélo qui n'est rien drôle! ah! ça vaut la peine d'être vu!

Un instant après, Fabien entrait dans la pièce où

se trouvaient réunis Raymond, son fils et Marthe.

— Mademoiselle Grandchamp ! — s'écria-t-il avec surprise.

— Bientôt ma femme... — répondit Paul en lui serrant la main.

Fabien comprit, baissa les yeux et se résigna.

— J'oublierai... — pensa-t-il.

— Monsieur de Chatelux, — lui dit le chef de la Sûreté, — allez vite retrouver votre mère en larmes et apprenez-lui que Raymond Fromental et Jules Boulenois vous ont sauvé...

— Nous irons ensemble... — fit Raymond, — toi, Paul, conduis mademoiselle Grandchamp, ta fiancée, à notre maisonnette, et mets-la sous la garde de Madeleine. — Vernier vous accompagnera...

Les deux jeunes gens s'éloignèrent, ivres de joie.

Les magistrats visitèrent l'intérieur du *Petit-Castel*, la prison de Fabien, l'office du sous-sol, où l'on retrouva sur les dalles quelques traces du sang des premières victimes.

Pascal et Angèle furent placés dans une voiture sous la garde de deux agents.

Jacques Lagarde, toujours évanoui, fut porté dans une autre.

Raymond, Fabien et La Fouine étaient déjà partis pour l'hôtel de Chatelux.

On referma les portes de la villa, puis magistrats et policiers reprirent la route de Paris.

A trois heures du matin, Pascal et Angèle étaient écroués à la Conciergerie et Jacques Lagarde consigné à l'infirmerie du dépôt.

Dès la première heure de ce même jour le procureur de la République, un juge d'instruction et le chef de la Sûreté faisaient une descente à l'hôtel de la rue de Miromesnil.

Là, dans un des tiroirs du bureau du pseudo-Thompson on retrouvait le testament de Philippe de Thonnerieux et les médailles des victimes.

Le testament du comte indiquait le *Testament Rouge* comme devant donner la clef de l'énigme, c'est-à-dire indiquer l'endroit où se trouvaient cachés les millions.

Or le *Testament Rouge*, volé à la Bibliothèque nationale, avait été retrouvé par Raymond chez Antoine Fauvel.

On le consulta, et bientôt il fut possible d'aller chercher au château des Granges-de-Mer-la Fontaine la fortune des héritiers désignés...

Hélas!... ils n'étaient plus que quatre!... — Deux avaient disparu!...

Jérôme Villard, rendu à la liberté, devint l'intendant de la comtesse de Chatelux, enrichie par son fils.

Un mois après le dénouement de la tragédie que nous venons de raconter, on célébrait dans l'église Saint-Louis-en-l'Ile le mariage de Paul Fromental et de Marthe Grandchamp — la *Fée des Saules*.

Deux des témoins étaient Fabien de Chatelux, — consolé, et Jules Boulenois, le ci-devant La Fouine, portant avec beaucoup de désinvolture et un peu trop d'excentricité sa tenue de millionnaire de fraîche date.

Raymond et la vieille Madeleine versaient des larmes abondantes, mais cette fois des larmes de joie.

C'était enfin le repos, le calme, c'était mieux encore, c'était le bonheur certain de Paul!

Trois mois plus tard, aux premières lueurs d'un jour sombre et pluvieux, la tête de Jacques Lagarde et celle de Pascal Saunier tombaient sous le couteau de la guillotine devant une foule avide de ces hideux spectacles, — le public de Marchandon et de Pranzini.

Angèle, condamnée à la réclusion à perpétuité, expie dans une maison centrale où elle doit vivre et mourir.

FIN

ÉMILE COLIN — IMPRIMERIE DE LAGNY

www.ingramcontent.com/pod-product-compliance
Lightning Source LLC
Chambersburg PA
CBHW070750170426
43200CB00007B/721